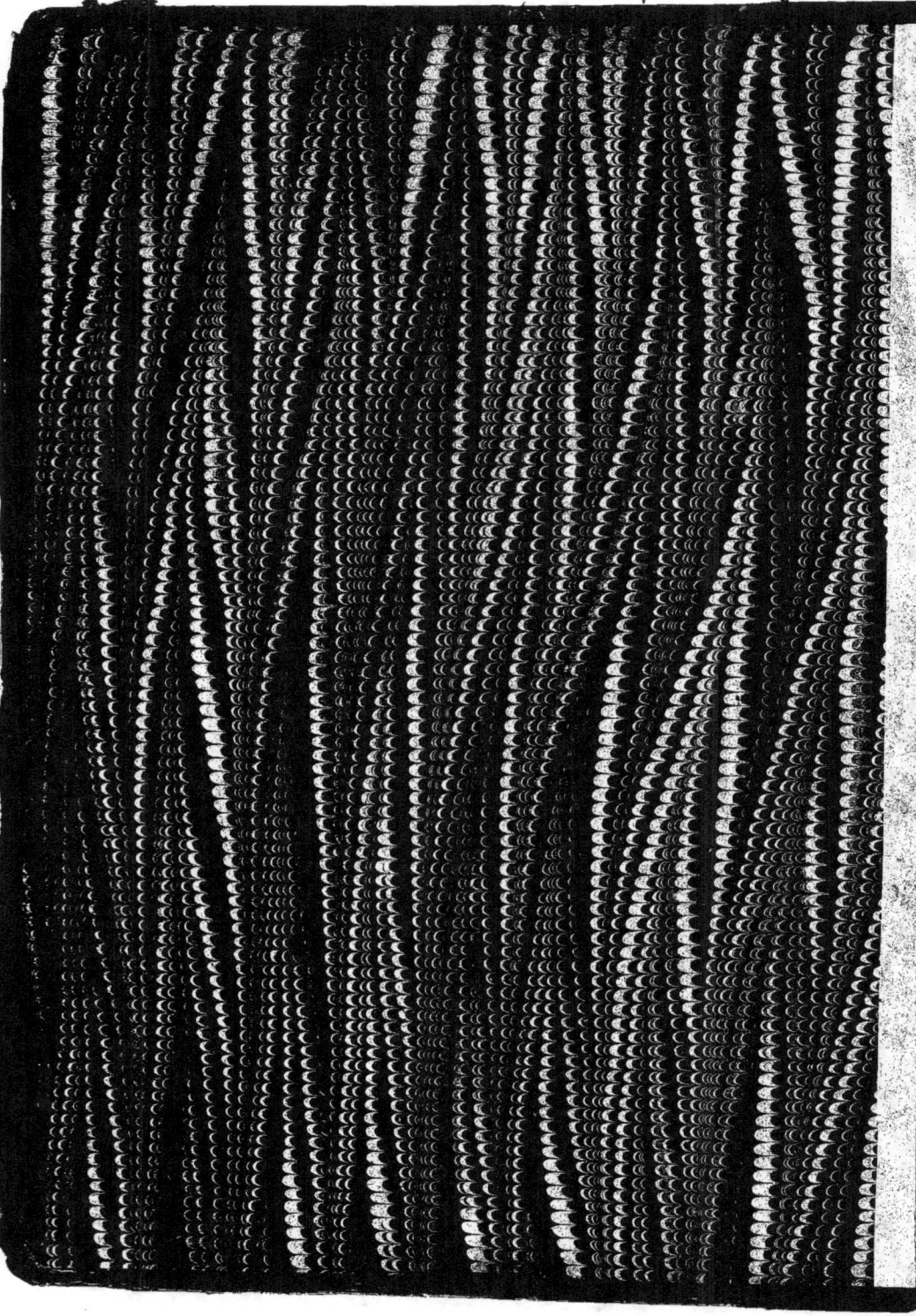

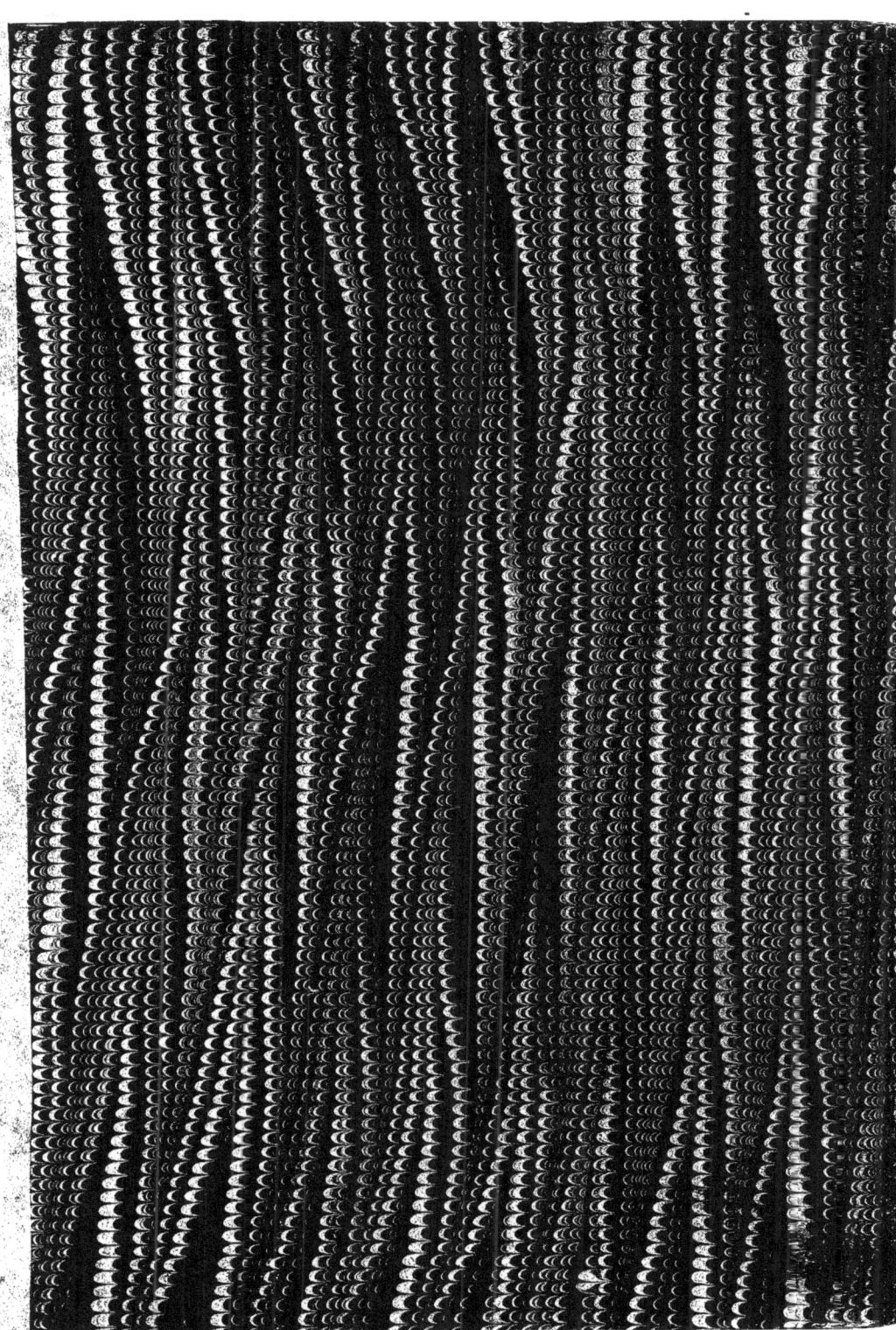

5º V
1394

LA

SCULPTURE FRANÇAISE

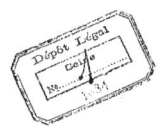

PARIS. — IMPRIMERIE PILLET ET DUMOULIN
5, RUE DES GRANDS-AUGUSTINS, 5

LA

SCULPTURE FRANÇAISE

AU MOYEN AGE ET A LA RENAISSANCE

OUVRAGE PUBLIÉ SOUS LA DIRECTION
DE
A. DE BAUDOT
ARCHITECTE DU GOUVERNEMENT, INSPECTEUR GÉNÉRAL DES ÉDIFICES DIOCÉSAINS

COMPRENANT ENVIRON 400 MOTIFS PHOTOGRAPHIÉS
PAR
MIEUSEMENT
PHOTOGRAPHE ATTACHÉ A LA COMMISSION DES MONUMENTS HISTORIQUES

PREMIÈRE EDITION

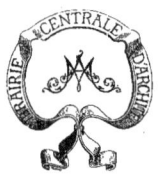

PARIS
LIBRAIRIE CENTRALE D'ARCHITECTURE
DES FOSSEZ ET Cie, ÉDITEURS
13, RUE BONAPARTE, 13

M D CCC LXXXIV

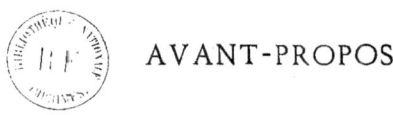

AVANT-PROPOS

Grâce à de nombreuses études et surtout à l'œuvre incomparable de notre maître M. Viollet Le Duc, les idées se sont tellement modifiées chez les artistes que la plupart, aujourd'hui, semblent désireux de connaître le moyen âge, cette époque si grande et si pleine d'enseignement, et comprennent quel fruit l'avenir pourra tirer de ces études auxquelles il est indispensable de s'attacher. On sent enfin qu'un art nouveau ne peut naître et se développer sans le secours de la tradition, et que s'il appartient aux artistes français de continuer à marcher en avant, ils doivent, avant tout, tenir compte des efforts faits par leurs devanciers et profiter des résultats que ceux-ci ont obtenus en raison des aptitudes particulières à notre génie national. Certes, les artistes, à quelque nationalité qu'ils appartiennent, doivent aujourd'hui étudier les chefs-d'œuvre de l'antiquité et profiter de recherches faites dans ce sens depuis tant d'années; cette étude, cependant, ne saurait suffire, l'expérience le prouve amplement; ils doivent en outre, et surtout, recourir à la nature, qui, sous des formes si variées, leur offre des sujets toujours nouveaux; mais, pour marcher sûrement dans la voie qui convient à notre époque, pour avancer sans s'égarer, il ne faut pas dédaigner les efforts de plusieurs siècles et ignorer les œuvres produites depuis l'antiquité jusqu'à nos jours, celles surtout dues aux maîtres français du moyen âge, qui, à l'égal des Grecs, ont su donner à leurs créations ingénieuses et savantes des expressions dans lesquelles la sincérité ne le cède en rien à la beauté des formes et à la perfection d'exécution.

En ce qui concerne la sculpture, qu'il s'agisse de la statuaire ou de l'ornementation, on ne saurait contester la valeur des œuvres du moyen âge, et il n'est plus un artiste aujourd'hui qui, après avoir parcouru et examiné avec attention nos édifices religieux et civils, ainsi que nos musées, oserait nier l'importance qu'ont, au point de vue de l'enseignement, ces créations originales qui dénotent chez leurs auteurs une étude approfondie de la nature, une aptitude toute particulière pour en saisir les beautés, et une connaissance parfaite des effets comme des moyens d'exécution.

Longtemps tout en concédant que l'ornementation du moyen âge et de la Renaissance accusait un certain goût, on a méconnu la valeur de la statuaire et traité de magots les figures qui décorent les édifices élevés du xiie au xvie siècle; mais, en général, ces appréciations étaient faites légèrement ou avec parti pris par des critiques qui n'avaient pas su ou pas voulu voir; aujourd'hui, il n'en est plus de même, et, du moins en ce qui concerne les statues accompagnant et décorant nos anciens édifices, on commence à comprendre que l'étude du moyen âge peut être utile, et à reconnaître qu'il y aurait intérêt à se rendre compte des moyens employés par les maîtres de cette époque pour obtenir cette harmonie si parfaite entre l'architecture et la statuaire, et pour

AVANT-PROPOS.

produire au point de vue monumental des effets aussi saisissants. D'ailleurs, il n'est pas douteux que plus on étudiera de près ces créations originales et souvent fort belles, plus on reviendra sur certaines idées préconçues, et on arrivera à reconnaître que cette statuaire ne présente pas seulement une valeur décorative, mais qu'elle possède encore, parfois, des qualités d'une nature très élevée, de l'élégance et de la distinction, et souvent une harmonie de proportions qui résulte d'observations bien faites.

Pour se livrer avec fruit à ces études, les éléments manquent malheureusement encore aux architectes et aux sculpteurs, pour lesquels il serait nécessaire de créer des cours dans les écoles et de reproduire des estampages qui seraient classés méthodiquement. Ces améliorations se feront tôt ou tard, et nous verrons certainement l'enseignement des Beaux-Arts se modifier dans ce sens; mais, en attendant ce changement que nous appelons de tous nos vœux, convaincu de l'heureuse influence qu'il aura sur l'avenir, il faut par tous les moyens possibles chercher à combler cette lacune. C'est dans ce but que nous avons entrepris la publication de ce recueil relatif à la sculpture française du moyen âge et de la Renaissance, en joignant aux planches obtenues avec toute la fidélité que donne la photographie, les indications précises sur l'échelle des motifs et sur la position qu'ils occupent dans les cadres qui les renferment, ainsi que sur la nature des matériaux employés. Nous avons pensé également qu'il était indispensable de présenter par époques et par provinces les spécimens dont il s'agit, en prenant pour base la classification qui a été adoptée par la Commission des monuments historiques, et qui a fait l'objet d'une carte spéciale dont l'administration des Beaux-Arts a bien voulu autoriser la reproduction dans notre ouvrage. En consultant cette carte, le lecteur aura une idée nette des limites qu'il est permis d'attribuer à chacune des écoles; mais il est essentiel de ne pas oublier qu'il ne s'agit que du xiie siècle et du commencement du xiiie, car, à partir de cette époque, il est difficile de suivre, avec ordre, les transformations qui se sont produites et d'indiquer le moment où la fusion de certaines écoles entre elles a eu lieu; toutefois il est certain que, jusqu'à la fin du xvie siècle, en Bourgogne, dans le Languedoc, dans l'Ile de France, dans la Normandie et sur les bords de la Loire, le respect pour les traditions locales s'est fait sentir, et il n'est pas douteux que c'est à ce fait qu'il faut attribuer le caractère particulier que possédaient au point de vue architectonique et sculptural les œuvres de la Renaissance dans chacun des centres qui avaient su conserver des écoles. C'est qu'en effet dans ces provinces les méthodes étaient diverses en raison des goûts, des besoins et de la nature des matériaux; aussi n'est-il pas surprenant si ces écoles ont interprété, chacune avec des nuances diverses, les formes de l'antiquité, vers lesquelles elles étaient entraînées par le mouvement général. C'est là, au contraire, une conséquence, toute naturelle de l'influence de la tradition, qui porte avec elle un enseignement bon à méditer. Si les artistes de cette époque ont pu, sur tant de points différents, en adoptant brusquement des formes nouvelles pour eux, créer des œuvres aussi originales et d'un goût aussi pur que celles qu'ils nous ont laissées, il faut que ces artistes aient trouvé bien des ressources dans leur passé. Étudions donc leurs principes et leurs méthodes; tâchons de profiter de leur expérience, et voyons comment nos prédécesseurs ont su, dès le xie siècle, ouvrir une voie qui devait, pendant des siècles et avec des progrès incessants, être parcourue avec tant d'éclat.

A. DE BAUDOT.

TABLE DES MATIÈRES

	Pages
Avant-Propos	3
I. XIᵉ ET XIIᵉ SIÈCLES (Pl. I à XXXV)	5
— Provence (fig. 1 à 3)	6
— Languedoc (fig. 4 à 6)	8
— Saintonge et Poitou (fig. 7 à 11)	9
— Auvergne	11
— Bourgogne (fig. 12 et 13)	12
— Ile-de-France (fig. 14 et 15)	13
— Normandie (fig. 16 et 17)	14
— Picardie	15
— Champagne	16
— École angevine (fig. 18)	16
— École rhénane	17
II. ÉPOQUE DE TRANSITION ET XIIIᵉ SIÈCLE. (Pl. I à XXXIX)	18
— — Normandie (fig. 19 à 21)	20
— — Bourgogne (fig. 22)	21
— — Picardie (fig. 23 et 24)	22
— — Champagne (fig. 25 à 27)	23
— — Ile-de-France (fig. 28 à 33)	25
III. XIVᵉ ET XVᵉ SIÈCLES ET PARTIE DU XVIᵉ SIÈCLE. (Pl. I à XVII). (fig. 34 à 36)	28
IV. Renaissance. (Pl. I à XXIX). (fig. 37 à 44)	31
Conclusion	35
Table des Planches	37

AVANT-PROPOS

RACE à de nombreuses études et surtout à l'œuvre incomparable de notre maître Viollet Le Duc, les idées se sont tellement modifiées chez les artistes que la plupart, aujourd'hui, semblent désireux de connaître le moyen âge, cette époque si grande et si pleine d'enseignement, et comprennent quel fruit l'avenir pourra tirer de ces études auxquelles il est indispensable de s'attacher. On sent enfin qu'un art nouveau ne peut naître et se développer sans le secours de la tradition, et que, s'il appartient aux artistes français de continuer à marcher en avant, ils doivent, avant tout, tenir compte des efforts faits par leurs devanciers et profiter des résultats que ceux-ci ont obtenus en raison des aptitudes particulières à notre génie national. Certes, les artistes, à quelque nationalité qu'ils appartiennent, doivent aujourd'hui étudier les chefs-d'œuvre de l'antiquité et profiter de recherches faites dans ce sens depuis tant d'années; cette étude, cependant, ne saurait suffire, l'expérience le prouve amplement; ils doivent en outre, et surtout, recourir à la nature, qui, sous des formes si variées, leur offre des sujets toujours nouveaux; mais, pour marcher sûrement dans la voie qui convient à notre époque, pour avancer sans s'égarer, il ne faut pas dédaigner les efforts de plusieurs siècles et ignorer les œuvres produites depuis l'antiquité jusqu'à nos jours, celles surtout dues aux maîtres français du moyen âge, qui, à l'égal des Grecs, ont su donner à leurs créations ingénieuses et savantes des expressions dans lesquelles la sincérité ne le cède en rien à la beauté des formes et à la perfection d'exécution.

En ce qui concerne la sculpture, qu'il s'agisse de la statuaire ou de l'ornementation, on ne saurait contester la valeur des œuvres du moyen âge, et il n'est plus un artiste aujourd'hui qui, après avoir parcouru et examiné avec attention nos édifices religieux et civils, ainsi que nos musées, oserait nier l'importance qu'ont, au point de vue de l'enseignement, ces créations originales qui dénotent chez leurs auteurs une étude approfondie de la nature, une aptitude toute particulière pour en saisir les beautés, et une connaissance parfaite des effets comme des moyens d'exécution.

Longtemps, tout en concédant que l'ornementation du moyen âge et de la Renaissance accusait un certain goût, on a méconnu la valeur de la statuaire et traité de magots les figures qui décorent les édifices élevés du douzième au seizième siècle; mais, en général, ces appréciations étaient faites légèrement ou avec parti pris par des critiques qui n'avaient pas su ou pas voulu voir; aujourd'hui, il n'en est plus de même, et, du moins en ce qui concerne les statues accompagnant et décorant nos anciens édifices, on commence à comprendre que l'étude du moyen âge peut être utile, et à reconnaître qu'il y aurait intérêt à se rendre compte des moyens employés par les maîtres de cette époque pour obtenir cette harmonie si parfaite entre l'architecture et la statuaire, et pour produire au point de vue monumental des effets aussi saisissants. D'ailleurs, il n'est pas douteux que plus on étudiera de près ces créations originales et souvent fort belles, plus on reviendra sur certaines idées préconçues, et on arrivera à reconnaître que cette statuaire ne présente pas seulement une valeur décorative, mais qu'elle possède encore, parfois, des qualités d'une nature très élevée, de l'élégance et de la distinction, et souvent une harmonie de proportions qui résulte d'observations bien faites.

Pour se livrer avec fruit à ces études, les éléments manquent malheureusement encore aux architectes et aux sculpteurs, pour lesquels il serait nécessaire de créer des cours dans les écoles et de reproduire des estampages qui seraient classés méthodiquement. Ces améliorations se feront tôt ou tard, et nous verrons certainement l'enseignement des beaux-arts se modifier dans ce sens; mais, en attendant ce changement que nous appelons de tous nos vœux, convaincu de l'heureuse influence qu'il aura sur l'avenir, il faut par tous les moyens possibles chercher à combler cette lacune. C'est dans ce but que nous avons entrepris la publication de ce recueil relatif à la sculpture française du moyen âge et de la Renaissance, en joignant aux planches, obtenues avec toute la fidélité que donne la photographie, les indications précises sur l'échelle des motifs et sur la position qu'ils occupent dans les cadres qui les renferment, ainsi que sur la nature des matériaux employés. Nous avons pensé également qu'il était indispensable de présenter par époques et par provinces les spécimens dont il s'agit, en prenant pour base la classification qui a été adoptée par la Commission des monuments historiques, et qui a fait l'objet d'une carte spéciale dont l'administration des Beaux-Arts a bien voulu autoriser la reproduction dans notre ouvrage. En consultant cette carte, le lecteur aura une idée nette des limites qu'il est permis d'attribuer à chacune des écoles; mais il est essentiel de ne pas oublier qu'il ne s'agit que du douzième siècle et du commencement du treizième, car, à partir de cette époque, il est difficile de suivre, avec ordre, les transformations qui se sont produites et d'indiquer le moment où la fusion de certaines écoles entre elles a eu lieu; toutefois il est certain que, jusqu'à la fin du seizième siècle, en Bourgogne, dans le Languedoc, dans l'Ile-de-France, dans la Normandie et sur les bords de la Loire, le respect pour les traditions locales s'est fait sentir, et il n'est pas douteux que c'est à ce fait qu'il faut attribuer le caractère particulier que possédaient au point de vue architectonique et sculptural les œuvres de la Renaissance dans chacun des centres qui avaient su conserver des écoles. C'est qu'en effet dans ces provinces les méthodes étaient diverses en raison des goûts, des besoins et de la nature des matériaux; aussi n'est-il pas surprenant que ces écoles aient interprété, chacune avec des nuances diverses, les formes de l'antiquité, vers lesquelles elles étaient entraînées par le mouvement général. C'est là, au contraire, une conséquence toute naturelle de l'influence de la tradition, qui porte avec elle un enseignement bon à méditer. Si les artistes de cette époque ont pu, sur tant de points différents, en adoptant brusquement des formes nouvelles pour eux, créer des œuvres aussi originales et d'un goût aussi pur que celles qu'ils nous ont laissées, il faut que ces artistes aient trouvé bien des ressources dans leur passé. Étudions donc leurs principes et leurs méthodes; tâchons de profiter de leur expérience, et voyons comment nos prédécesseurs ont su, dès le onzième siècle, ouvrir une voie qui devait, pendant des siècles et avec des progrès incessants, être parcourue avec tant d'éclat.

LA

SCULPTURE FRANÇAISE

AU MOYEN AGE ET A LA RENAISSANCE

I

XIe ET XIIe SIÈCLES

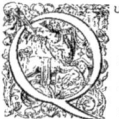uel que soit l'intérêt historique et archéologique que présentent les efforts faits, jusqu'à la fin du onzième siècle, dans certaines provinces, par les sculpteurs français, il ne semble pas qu'il y ait lieu, dans un recueil destiné surtout aux artistes, de reproduire des spécimens antérieurs au douzième siècle; aussi est-ce cette dernière époque, d'ailleurs déjà si remarquable, que nous avons prise comme point de départ, en adoptant pour la classification des écoles par provinces, celle admise et publiée en 1875 par la Commission des monuments historiques pour les édifices classés et dont la carte que nous donnons ici fait ressortir, aussi nettement que possible, sous le rapport architectonique, les délimitations probables.

Peut-être objectera-t-on que les écoles de sculpture ne correspondent pas absolument à celles d'architecture; cela est vrai pour certains centres, mais il est incontestable aussi que, dans les provinces qui ont produit les œuvres les plus remarquables, c'est-à-dire l'Ile-de-France, la Bourgogne, le Languedoc, le Poitou, la Provence, la Normandie, la Picardie, la Champagne, il y a accord entre la composition des édifices et leur ornementation. D'autre part, il peut paraître également singulier, au premier abord, de conserver, depuis le douzième siècle jusqu'aux premières années de la Renaissance, la même classification par écoles, car il serait facile de prouver que la tradition ne s'affirme pas, dans chaque centre, pendant cette longue période de cinq siècles. Cependant, on ne peut nier, indépendamment des manifestations diverses bien marquées des douzième et treizième siècles, les différences notables qui s'accusent du quatorzième au seizième siècle dans certaines provinces; au seizième siècle notamment, malgré l'action venue d'Italie et qui influe partout, il est certain que la Renaissance de Toulouse se distingue de celle de la Bourgogne, et que, dans l'Ile-de-France, les interprétations sont différentes de celles de la Normandie et de la Touraine. Quelles sont les causes de ces caractères différents? Il n'est pas facile de le dire; mais il paraît sensé d'admettre que la nature des matériaux, les exigences du climat, les méthodes pratiques, et par suite dans une certaine mesure, les traditions locales, expliquent ces dissemblances.

Quoi qu'il en soit, d'ailleurs, il fallait adopter une méthode, et il nous a semblé que, tout en réservant le côté archéologique, la classification adoptée par ce recueil était la plus sûre au point de vue artistique qui est ici visé, attendu qu'elle permet de grouper, entre elles, les œuvres qui offrent le plus de rapprochements.

Dans cet exposé nous avons pris, comme guide, l'étude approfondie faite par Viollet-le-Duc qui a traité ce sujet de main de maître, sous le double rapport de l'histoire et de l'art[1], qui est de tous les auteurs, ayant écrit sur la matière, celui qui a le mieux compris et fait ressortir la grande manifestation de l'art français, et dont l'opinion n'a donné lieu, jusqu'à ce jour, à aucune réfutation sérieuse et concluante. Nous pouvons donc, sans hésitation avec un tel appui, passer à l'examen comparatif des diverses écoles qui, dès le douzième siècle, commençaient à produire des œuvres originales en s'inspirant du passé dont les formes étaient connues.

PROVENCE

Les limites de l'École provençale suivent une ligne qui, de Vienne, se dirige sur Privas, Uzés, Alais, Montpellier, d'une part, et, de l'autre, va joindre le Rhône à Vienne, passe par Saint-Chef; de là descend le long de la vallée du Rhône, franchit la Drôme, joint la Durance à Sisteron et se dirige sur Fréjus et Digne.

Son influence s'étend, au Nord, jusqu'à Lyon; à l'Ouest, jusqu'aux sources de la Loire et de l'Allier, pour se diriger en ligne droite jusqu'à Béziers; à l'Est, jusqu'à Grenoble, Gap et le bas Var.

Dans cette province, c'est incontestablement l'influence gallo-romaine qui domine. Toutefois, l'ornementation accuse parfois une imitation de la sculpture sobre et sans saillie de la Syrie centrale, notamment à Montmajour. En dehors de quelques exceptions, les effets sont accusés, mais le sentiment de l'échelle fait défaut; les chapiteaux surtout manquent de fermeté. Dans les ensembles, cette école se distingue au contraire par les lignes de l'architecture, et l'on peut, à cet égard, considérer le portail de l'église Saint-Trophime d'Arles comme une belle ordonnance dans laquelle la sculpture d'ornement et la statuaire, quoique assez grossières, contribuent à un effet général qui est harmonieux. Cette composition

[1]. *Dictionnaire raisonné de l'Architecture française du onzième au seizième siècle.* VIII° volume. Article SCULPTURE.

a en outre, sous le rapport de l'iconographie, ainsi que dans la façon dont les figures sont disposées et groupées, un véritable intérêt, mais les têtes sont sans expression, le geste est banal et insignifiant; ce manque d'expression est, du reste, général dans la sculpture provençale, et cette école est, à ce point de vue, certainement la moins intéressante : elle procède d'un art en décadence et n'accuse aucune tendance; aussi il ne semble pas qu'elle ait contribué au mouvement qui a produit la belle époque romane.

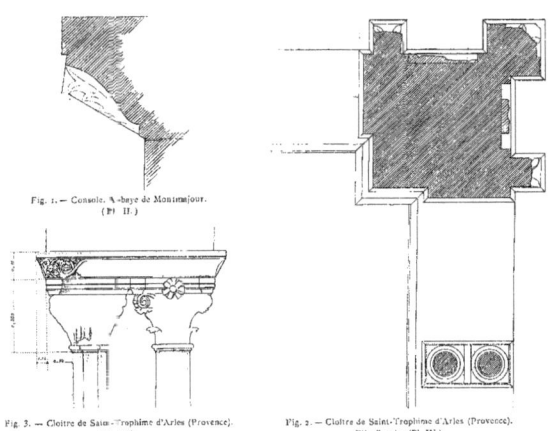

Fig. 1. — Console. Abbaye de Montmajour. (Pl. II.)

Fig. 3. — Cloître de Saint-Trophime d'Arles (Provence). (Pl. II.)

Fig. 2. — Cloître de Saint-Trophime d'Arles (Provence). Pile d'angle. (Pl. IV.)

MONUMENTS A CONSULTER. — Église et cloître de Saint-Trophime d'Arles; de l'abbaye de Montmajour; Saint-Gilles (Gard); Sainte-Marthe, à Tarascon ; cathédrale de Nîmes (façade principale); Sainte-Marie (Bouches-du-Rhône); Saint-Paul-Trois-Châteaux (Drôme); Saint-Pierre-de-Maguelonne (Hérault); Saint-Sauveur, d'Aix ; église de Cavaillon (Vaucluse); Saint-Ruf, église du Thor; la Maison-Romaine, à Nîmes.

RENSEIGNEMENTS SUR LES PLANCHES. — Planche I, largeur du tympan, 4 mètres; hauteur des figures du linteau, 0^m,90. Planche II, tailloirs 1, 2, 4 (voir fig. 3); hauteur 0^m,15; console (voir fig. 1). Planche III, chapiteau 1, hauteur 0^m,43, diamètre de la colonne, 0^m,21; chapiteau 2, hauteur 0^m,29, diamètre 0^m,16; corbeaux 3 et 4, hauteur 0^m,40. Planche IV, figures principales, hauteur 1^m,50 (voir fig. 2). Planches XV et XVI, hauteur des chapiteaux variant de 0^m,60 à 0^m,80. Planche XXXV, largeur des pieds-droits, 0^m,50.

LANGUEDOC

Les limites de l'École languedocienne remontent le Gers, s'étendent le long des Pyrénées et jusqu'en Aragon; au Nord, elles suivent une ligne qui, au-dessus d'Agen, longe l'Aveyron jusqu'à Saint-Antonin, puis va joindre le Tarn à Albi, remonte cette rivière et suit le cours de l'Hérault. Son influence, au Nord, s'étend jusqu'à Montpezat, Vareins, Rodez, Marvejols, Mende; à l'Est, elle passe quelque peu sur la rive gauche de l'Hérault; à l'Ouest, jusqu'à Bayonne; au Sud, jusqu'en Aragon.

Cette école, dont le centre est à Toulouse, manifeste, dès la fin du onzième siècle, des tendances originales; elle s'inspire beaucoup moins que celle de Provence de l'époque gallo-romaine, et utilise, sans servilité, tout ce qui lui vient du Levant. Au début, comme dans le cloître d'Elne (Pyrénées-Orientales) et dans celui de Moissac, la sculpture est encadrée de lignes droites ou courbes qui font bien ressortir les motifs de feuillages et de figures, en leur donnant de la fermeté et de la valeur; c'est surtout dans les frises, dans

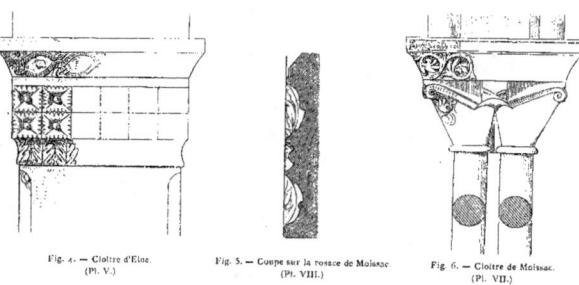

Fig. 4. — Cloître d'Elne. (Pl. V.)   Fig. 5. — Coupe sur la rosace de Moissac. (Pl. VIII.)   Fig. 6. — Cloître de Moissac. (Pl. VII.)

les tailloirs, et souvent même dans les chapiteaux que s'affirme ce procédé de composition; l'exécution est, en général, fine et cependant vigoureuse d'effet, malgré le peu de relief donné à l'ornementation. Les sculpteurs languedociens ne se sont pas bornés toutefois à s'inspirer des objets d'Orient peints ou sculptés, ils ont, notamment à Saint-Sernin de Toulouse et à la cathédrale Saint-Nazaire de Carcassonne, cherché dans la composition des chapiteaux des effets puissants et variés, en groupant avec art les feuillages et les animaux, tout en conservant à ces parties essentielles de l'architecture le caractère de force et de rigidité qui accuse la fonction portante des colonnes. Dans la statuaire, cette école languedocienne, qui au onzième siècle était byzantine, produit au douzième siècle des œuvres originales dans lesquelles apparaît le sentiment de la nature, et a créé des compositions d'une grandeur de style et d'arrangement, parmi lesquelles le porche de l'église de Moissac doit être signalé en première ligne. De cet ensemble, la planche XXXIV reproduit le tympan dont le centre est occupé par le Christ couronné, entouré de deux anges et des symboles des quatre évangélistes; de chaque côté et au-dessous sont groupés les vingt-quatre vieillards de l'Apocalypse; en contre-bas, le linteau, sur lequel sont sculptées huit rosaces d'un grand effet décoratif, est porté par un trumeau central dont la composition montre l'habileté singulière des artistes de cette école, qui savaient conserver aux éléments de la construction leurs lignes constitutives, tout en les couvrant des ornements les plus variés.

MONUMENTS A CONSULTER. — Église Saint-Sernin, de Toulouse; cloîtres d'Elne et de Moissac; musées de Toulouse et de Narbonne; églises de Saint-Guilhem du Désert, de Saint-Gaudens; de Saint-Bertrand, de Cominges; hôtel de ville de Saint-Antonin; nef de Saint-Nazaire, de Carcassonne; église de Rieux-Minervois; Saint-Just de Valcabrère; Saint-Savin; Beaulieu (Corrèze); Souillac.

RENSEIGNEMENTS SUR LES PLANCHES. — Planche V, chapiteau 1, hauteur 0^m,36; chapiteau 2 (voir fig 4); chapiteaux 3 et 4, longueur, 0^m,58; hauteur 0^m,23. Planche VI (voir fig. 6). Planche VII, tailloirs, hauteur 0^m,16. Planche VIII, rosaces 2 (voir fig. 5), tailloirs, hauteur 0^m,16. Planche IX, chapiteau 1, hauteur 0^m,26, diamètre des colonnes 0^m,16. Figure III, hauteur 0^m,83; trumeau 4, largeur 0^m,57 et 0^m,43. Planche X, chapiteaux 1, 2, 3 et 4, hauteur 0^m,48, diamètre de la colonne 0^m,24. Planche XI, figures, hauteur 1^m,65. Planche XXXIV, largeur du tympan 6 mètres.

SAINTONGE et POITOU

Les limites de l'École du Poitou descendent le Cher, la Loire jusqu'au-dessus de Tours et suivent une ligne indécise de Tours aux côtes de la Vendée; puis, de la côte, se dirigent au-dessus de Surgères, à Melle, Charroux, remontent la Charente, la Vienne, passent au nord de Limoges, au sud de Bourganeuf, d'Aubusson et vont rejoindre le Cher

Son influence s'étend à l'Ouest et au Nord, jusqu'à Nantes, Cholet, Chinon, Tours, Saint-Genoux, Salbris; à l'Est, jusqu'à Nevers, Saint-Menoux, Montluçon; Ussel, Tulle et Brives, au Sud.

L'École de Saintonge a beaucoup de rapports avec celle de Poitou, mais cependant, surtout au point de vue de l'architecture, ne peut être confondue avec elle; ses limites passent au nord de la Charente, de la Rochelle à Civray, Rochechouart, Angoulême, Montmoreau, traversent la rivière d'Isle, la Dordogne vers Libourne, la Garonne à Loupiac et enveloppent le Médoc.

Son influence s'étend au Nord jusqu'à Surgères, Melle, Charroux; au Nord-Est jusqu'à Nontron; au Sud, en remontant la Garonne jusqu'au Mas-d'Agenais.

Quoiqu'il y a t des différences assez sensibles entre les monuments de la Saintonge et ceux du Poitou au point de vue architectonique, et cela à l'avantage de cette dernière province, la sculpture présente, dans ces deux écoles, des rapprochements nombreux; l'ornementation est répandue sur leurs édifices avec une profusion qu'explique, en partie, le peu de dureté des matériaux généralement mis en œuvre dans ces régions de l'Ouest; mais, malgré cette abondance, la décoration est mesurée et respecte les lignes ainsi que la combinaison de l'appareil, notamment dans les voussures des portes dont les claveaux sont adroitement

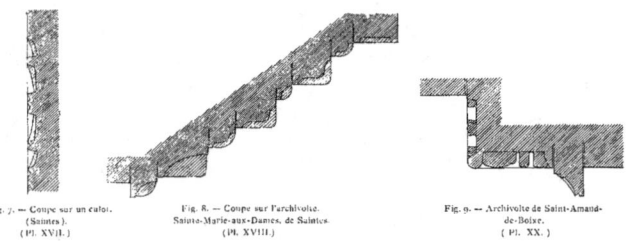

Fig. 7. — Coupe sur un culot. (Saintes). (Pl. XVII.)

Fig. 8. — Coupe sur l'archivolte. Sainte-Marie-aux-Dames, de Saintes. (Pl. XVIII.)

Fig. 9. — Archivolte de Saint-Amand-de-Boixe. (Pl. XX.)

sculptés, en raison de leurs dimensions; dans les voussures comme dans les archivoltes, les bandeaux et les frises, aux feuillages des rinceaux se mêlent des animaux qui sont traités d'une façon gracieuse et très décorative, mais les chapiteaux sont, sauf de rares exceptions, lourds et de forme indécise. Dans ces écoles la double influence byzantine et gallo-romaine

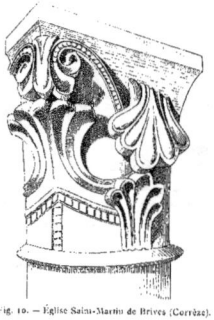 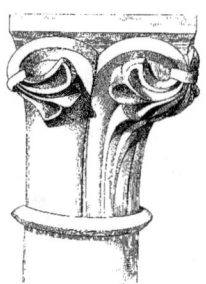

Fig. 10. — Église Saint-Martin de Brives (Corrèze).

Fig. 11. — Église Saint-Martin de Brives (Corrèze).

se manifeste, mais à ces deux éléments il s'en est mêlé un troisième, introduit de l'Orient par le Nord (art saxon), qui contribue à donner aux œuvres sculpturales de ces provinces un caractère tout particulier.

Quant à la statuaire proprement dite, elle accuse, dès le milieu du onzième siècle, des tendances originales et une certaine observation de la nature; mais les exemples bien conservés sont rares, il n'en reste de traces, réellement intéressantes, qu'à la cathédrale d'Angoulême et à l'église Notre-Dame-la-Grande de Poitiers.

Aux écoles dont il est question ci-dessus, c'est-à-dire de la Provence, du Languedoc, du Poitou et de la Saintonge, se rattachent, plus ou moins directement, bien des édifices du centre de la France, pour lesquels la classification devient bien problématique, mais qui dénotent combien ont été nombreux et divers les efforts faits par les sculpteurs du douzième siècle, qui s'inspiraient de tous les objets dont la vue pouvait les instruire et les guider.

MONUMENTS A CONSULTER. — La cathédrale d'Angoulême; l'église de Notre-Dame-la-Grande, à Poitiers; Sainte-Eutrope, à Saintes; celle de Cahors; Saint-Martin de Brives, de Vigeois, de Souillac, de Saint-Amand-de-Boixe, de Brives, de Surgères, de Beaulieu, de la Souterraine, de Sainte-Croix à Bordeaux, le cloître de la cathédrale de Tulle; de Saint-Yrieix.

RENSEIGNEMENTS SUR LES PLANCHES. — Planche XVII (voir fig. 7). Planche XVIII (voir fig. 8). Planche XIX, hauteur du Christ, au centre de la grande arcade, 1",60. Planche XX, archivolte 2 (voir fig. 9). Planche XXII, chapiteaux 1 et 2, 0",40 à 0",45, non compris tailloirs.

AUVERGNE

Les limites de l'Ecole auvergnate remontent la Dordogne un peu au-dessus de Souillac, à Orcival; de là elles se dirigent sur Moulins, en passant par Ebreuil et Saint-Pourçain, remontent la Loire, de Decize au Puy, suivent le cours de la Truèyre, vont rejoindre Rodez et descendent l'Aveyron jusqu'à Villefranche.
Son influence s'étend, au Nord, jusqu'à Nevers; à l'Est, jusqu'aux rives du Rhône, ne dépassant pas l'Ardèche; au Sud, jusqu'à Toulouse; à l'Ouest, jusqu'à Agen et aux rives de la Vezère, Ussel, Néris, Bourbon-l'Archambault.

Dans cette province, comme en Provence, l'architecture prend un véritable caractère monumental et se distingue, en outre, par des conceptions très remarquables, sous le rapport des dispositions générales et du mode de structure des voûtes; mais la sculpture, malgré une certaine originalité et une grande imagination surtout dans la composition des chapiteaux, n'accuse pas, au point de vue plastique, une valeur exceptionnelle. L'influence gallo-romaine se fait sentir, mais avec des importations du Levant, notamment à la cathédrale du Puy, dont l'ornementation de la porte papale est des plus intéressantes.

MONUMENTS A CONSULTER. — Église Notre-Dame-de-Port, à Clermont-Ferrand; de Brioude; d'Issoire; de Saint-Nectaire; Saint-Etienne de Nevers; Saint-Nectaire; Châtel-Montagne; cathédrale du Puy; abside de Saint-Martin de Brives; certaines églises de la Corrèze.

BOURGOGNE

Les limites de l'École bourguignonne passent par Joigny, Cosne, Nevers, remontent la Loire jusqu'à Roanne, passent par Lyon, Belley, suivent le cours du Rhône jusqu'à Genève et Lausanne; de là vont chercher le cours de la haute Saône, passent à l'ouest de Belfort, à Remiremont, à Épinal, Langres, Mussy-sur-Seine et Joigny. Son influence s'étend, au Nord, jusqu'à Sens, Bar-sur-Seine, Chaumont, Saint-Dié; à l'Est, jusqu'à Épinal et Besançon, Nantua, Chambéry; à l'Ouest, jusqu'à Moulins et Cosne-sur-Loire.

Les monuments romans sont nombreux en Bourgogne et dans les contrées environnantes qui ont subi l'influence de cette puissante école; comme dans le Languedoc, il est évident que les sculpteurs bourguignons ont, dès le début de leurs efforts, cherché à s'affranchir de l'imitation du passé en recourant à la nature, et qu'ils sont entrés dans une voie nouvelle; en outre, ils ont su donner à leurs œuvres un caractère étonnant de fermeté et de vigueur qui est singulièrement rehaussé encore par une exécution nerveuse et hardie, d'autant plus remarquable que la dureté des matériaux de cette contrée exigeait une sûreté toute particulière.

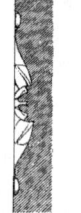

Fig. 12. — Avallon. (Pl. XXIX.)
Pieds-droits et archivoltes.

Dans la composition des chapiteaux d'Autun, on est frappé de la supériorité, sur la Provence par exemple, de cet art jeune et plein de sève qui devait, du reste, ne pas s'arrêter là et aider, au contraire, si pleinement au développement de la belle époque du treizième siècle dans les provinces de l'Est. Dans l'ornementation des profils d'architecture,

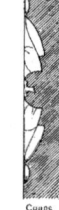

Coupe sur l'axe d'une feuille. Coupe entre les feuilles.
Fig. 13. — Rosaces. La Charité-sur-Loire. Bourgogne. (Pl. XXXII.)

bandeaux, frises, voussures, etc., la même énergie mesurée, le même esprit d'innovation se manifestent sur la plupart des édifices du douzième siècle, notamment à Dijon, à Avallon; mais ce qu'on ne saurait trop étudier dans cette époque de l'art bourguignon, c'est l'église de la Madeleine de Vézelay, et particulièrement la porte principale qui est un véritable chef-d'œuvre au double point de vue de l'ornementation et de la statuaire et qui présente, jusque dans les plus petits motifs, des personnages ainsi que des sujets des plus instructifs et des plus intéressants.

MONUMENTS A CONSULTER. — Églises de Vézelay, d'Avallon, Saint-Philibert de Dijon, de Montréal; cathédrales d'Autun, de Langres, de Lausanne (Suisse); églises de Paray-le-Monial, de la Charité-sur-Loire, de Beaune, de Saint-Andoche de Saulieu, de Semur en Brionnais, de Pontaubert; Saint-Eusèbe d'Auxerre, église abbatiale de Pontigny, des parties de la cathédrale de Sens.

RENSEIGNEMENTS SUR LES PLANCHES. — Planches XXVII, colonnes ornées, motif 1, diamètre, 0^m,34. Planche XXVIII, bases 3 et 4, hauteur, 0^m,26, diamètre de la colonne, 0^m,30, chapiteaux 1 et 2, hauteur 0^m,60. Planche XXIX (voir fig. 12). Planche XXX, tympan de Vézelay, largeur totale, 7^m,60. Planche XXXI, chapiteaux de pilastre, hauteur 0^m,72, largeur du pilastre 0^m,52. Planche XXXII, rosaces (voir fig. 13).

ILE-DE-FRANCE

Les limites de l'École de l'Ile-de-France suivent le cours de l'Eure, de Chartres à Pont-de-l'Arche; s'étendent jusqu'à la mer, vers Dieppe, passent par Beauvais, remontent le cours de l'Oise jusque près de Saint-Quentin; passent par Laon, Château-Thierry, Provins, Nogent-sur-Seine, touchent à Sens, descendent à Montargis jusqu'à Orléans.
Son influence se fait sentir au delà de Chartres jusqu'à Nogent-le-Rotrou, au delà d'Orléans jusqu'à Bourges, au delà de Nogent-sur-Seine jusqu'à Troyes.

Vers la fin du douzième siècle, l'école la plus puissante par son étendue et par le nombre des édifices élevés sous son influence plus ou moins directe est celle de l'Ile-de-France; c'est aussi, sous le rapport de l'art, le centre le plus avancé, celui dans lequel les sculpteurs montrent, à la fois, le plus d'esprit d'observation et d'invention, comme le plus d'expérience. Dans leurs œuvres on trouve une méthode de composition, un sentiment très fin de l'échelle, une entente habile de la répartition des motifs et surtout une pureté étonnante de lignes et de formes; on est surpris de la nouveauté, de la fécondité qui s'affirme dans les conceptions ainsi que de la souplesse et de la sûreté dans l'exécution. Il semble que les artistes du domaine royal aient suivi les efforts faits par leurs devanciers des écoles du Midi, de l'Ouest et même de l'Est, et qu'ils aient largement profité de leurs efforts pour faire un grand pas en avant. En tout cas, ils évitent leurs fautes, leurs tâtonnements, abandonnent presque complètement les cadres et les motifs utilisés et interprétés jusqu'alors et, en s'appuyant sur ce que la tradition leur indique de bon, ils créent un art exempt d'hésitation et qui porte au contraire la marque du génie. Rien n'est plus attachant que d'observer de quelle façon ces artistes interprètent les feuillages, les bourgeons, de voir avec quelle justesse ils choisissent les plantes possédant des qualités ornementales, avec quel goût et quelle science ils les dessinent, tout en respectant la nature, sous leurs aspects les plus saisissants.

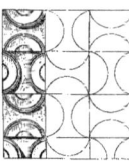
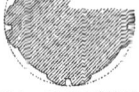
Fig. 14. — Diagramme développé. Colonne gauche. (Pl. XXXIII.) Cathédrale de Bourges.

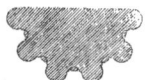
Fig. 15. — Plan de la colonne. (Pl. XXXIII.) Cathédrale de Bourges.

S'il s'agit de la nature humaine, leur génie s'affirme avec la même assurance, comme le prouvent notamment les statues du portail principal de la cathédrale de Chartres dont les têtes sont, pour la plupart, des types d'expression et de finesse. Cette grande composition toute nouvelle dans l'ordonnance des figures peut être considérée comme le point de départ de ces grandes dispositions si frappantes dans la conception des portails de nos cathédrales de Paris, d'Amiens et de Reims.

Monuments a consulter. — A Paris : Saint-Germain-des-Prés, le chœur de Saint-Martin-des-Champs, Saint-Julien-le-Pauvre; les églises de Poissy; de Provins (Saint-Quinace), de Saint-Loup de Naud (surtout pour la statuaire), de Moret, de Saint-Leu d'Esserent, de Morienval; parties de l'église de Mantes; de l'abbaye de Saint-Denis; de Senlis; parties inférieures de la cathédrale de Rouen (portes, façade principale).

Renseignements sur les planches. — Planche XV, figures, hauteur 2 mètres. Planche XVI, chapiteaux, hauteur, 0^m,25. Planche XXI, figures, hauteur 2 mètres et 2^m,20.

NORMANDIE

Les limites de l'École normande suivent la rive gauche de la Seine, d'Évreux jusqu'à Rouen; de là elles se dirigent, au Nord, sur la côte. D'Évreux, elles remontent l'Iton, descendent la Sarthe jusqu'à Alençon, passent à Domfront, Vire, Avranches et à la baie du Mont Saint-Michel.
Son influence se fait sentir, au Nord, jusqu'à Dieppe; au Sud, jusqu'à Chartres, Nogent-le-Rotrou, Mamers; à l'Est, jusqu'à Mortain, Dol et Dinan.

La sculpture de l'époque romane est rare en Normandie, et ce n'est qu'au commencement du treizième siècle que cette école se développe et produit les édifices nombreux et remarquables qui rendent cette province, encore aujourd'hui, si curieuse et si instructive; avant le treizième siècle, sauf dans certains monuments qui ont été commencés sous l'influence de l'école de l'Ile-de-France et qui en somme ne sont pas complètement normands, l'ornementation en général et surtout celle des chapiteaux procède plutôt des formes géométriques que de la sculpture, mais les motifs ne sont pas moins intéressants au point de vue décoratif et ne témoignent pas moins d'une recherche savante des effets et d'une certaine originalité. Déjà, à cette époque, la tendance qui s'affirme de plus en plus au treizième siècle, dans le sens du précieux et de la finesse des détails, se manifeste d'une façon très marquée, comme dans les diverses écoles de l'Ouest, mais avec ce sentiment plus pur des formes que dans la Saintonge et le Poitou.

Dans l'ornementation, les Normands respectent les formes des profils, le galbe des chapiteaux avec un soin trop scrupuleux peut-être, car l'exagération de ce principe les amène souvent à imprimer à leurs œuvres un caractère de sécheresse qui les rend monotones.

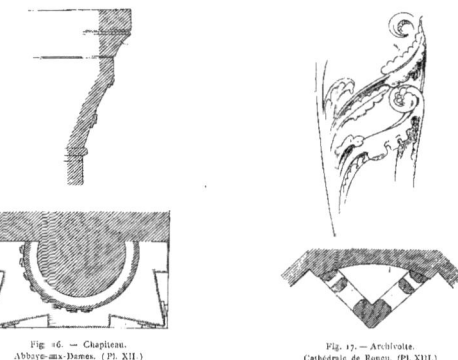

Fig. 16. — Chapiteau.
Abbaye-aux-Dames. (Pl. XII.)

Fig. 17. — Archivolte.
Cathédrale de Rouen. (Pl. XIII.)

MONUMENTS A CONSULTER. — Abbaye-aux-Dames; Abbaye-aux-Hommes (en partie); église Saint-Gilles, à Caen; partie basse de la cathédrale de Bayeux; clocher de Saint-Loup-hors-Bayeux; Sainte-Marie-aux-Anglais; Mont Saint-Michel, nef de l'église; partie de la cathédrale de Séez; Saint-Georges de Bocherville; ruines de l'abbaye de Jumièges.

RENSEIGNEMENTS SUR LES PLANCHES. — Planche XII, chapiteaux (voir fig. 16), hauteur 0^m,39. Planche XIII, chapiteau 1, hauteur 0^m,40, diamètre 0^m,20; motif 2, largeur du rinceau 0^m,48, saillie 0^m,05; motif 4 (voir fig. 17). Planche XIV, pieds-droits 1, 2, 4, largeur, 0^m, 48. — La sculpture de ces portes appartient à l'école de l'Ile-de-France.

PICARDIE

L'École picarde est peu caractérisée; elle suit le cours de la Somme, s'étend dans les Flandres au Nord; au Sud, elle se fait sentir jusqu'à Beauvais, puis jusqu'aux rives de l'Aisne vers Rethel; on en trouve des traces sur la Meuse au-dessous de Mézières.

CHAMPAGNE

Les limites de l'École champenoise suivent le cours de la Seine, de Bar-sur-Seine à Nogent-sur-Seine, remontent jusqu'à l'Aisne en passant à Essommes, remontent le cours de l'Aisne jusqu'à Rethel, de là vont chercher la Meuse à Mouzon, la remontent jusqu'à Commercy, englobent Toul, passent par Neufchâteau, Chaumont, Bar-sur-Seine.

Son influence s'étend jusqu'à Sens, à l'Ouest; jusqu'à Metz, à l'Est; et au delà de Nancy, Blamont, Mirecourt et Langres, au Sud.

Ces deux écoles de la Picardie et de la Champagne, comme celle de Normandie, sont surtout florissantes au treizième siècle et n'accusent guère, avant cette époque, des caractères qui soient propres à chacune d'elles; dans le cours du douzième siècle l'ornementation de la plupart des édifices subit l'influence de l'Ile-de-France, notamment à Noyon, à Saint-Germer, Senlis, Tracy-le-Val, Morienval pour la Picardie; à Châlons, cathédrale de Notre-Dame; à Laon, Saint-Jean-des-Vignes, pour la Champagne.

Cependant dans cette dernière province, à Saint-Remy, de Reims, à Troyes, église de la Madeleine, à Fouchères (nef), à Vignory et surtout à la cathédrale de Langres, la sculpture, sous l'influence de la Bourgogne, accuse des efforts particuliers et prend un caractère de grandeur et de simplicité qui est très remarquable; toutefois, dans les productions romanes de la Picardie et de la Champagne, on ne saurait voir l'origine de l'art qui se développe si rapidement et avec des expressions si déterminées au treizième siècle.

ÉCOLE ANGEVINE

Les limites de l'École angevine sont mal définies; elles passent, au Nord, du Mans à Mayenne et à Fougères, suivent le cours de la Vilaine, remontent la Loire, traversent ce fleuve vers Nantes, comprennent Chemillé, Saumur, passent à Tours, englobent Blois pour remonter, à l'Est, de Meung à Nogent-le-Rotrou.

Son influence s'étend, à l'Est, jusqu'à Chartres, Châteaudun, Beaugency; au Sud, elle longe les bords de la Loire en s'éloignant vers Cholet; à l'Ouest, elle s'étend en Bretagne, et au Nord, se fond, entre Avranches, Alençon et Mortagne, avec l'École normande.

Contrairement aux écoles picarde et champenoise, l'école angevine indique, au douzième siècle, des tendances très marquées, et ses efforts ont dû contribuer certainement au développement de la belle période de transition. L'ornementation en est généralement sobre, mais d'une pureté exceptionnelle, et l'architecture y prend, grâce à elle, une fermeté étonnante. Dans la composition des chapiteaux, on retrouve des réminiscences de l'antiquité, mais les formes ne sont pas abstraites comme en Provence, les imitations ne sont pas grossières comme dans certaines parties de l'Auvergne; non seulement le galbe de ces chapiteaux est parfait, mais le passage de la forme circulaire de la colonne à celle rectangulaire du tailloir y est ménagé avec une habileté extrême et une grande science des proportions ; en outre les feuillages y sont traités avec une finesse et une originalité surprenantes. C'est surtout dans la nef de la cathédrale du Mans, dans le chœur de l'église Saint-Laumer de Blois et le vieux clocher de Chartres, qu'il faut étudier ce caractère tout particulier de l'ornementation de l'école angevine dont la valeur ne peut être comparée qu'à celle de l'Ile-de-France. Voir également les églises de Saumur, Angers, Cunault.

Renseignements sur les planches. — Planche XXIII, chapiteaux 2 et 4, hauteur 0^m,40 à 0^m,45. Planche XXIV, chapiteaux, hauteur 0^m,60, diamètre de la colonne, 0^m,50.

Nota. — L'influence de l'école angevine s'étend jusqu'en Bretagne, mais cette province n'a pas eu d'école spéciale au douzième siècle, et on peut dire en ce qui concerne la sculpture, qu'à aucune époque, cet art ne s'y est développé.

ÉCOLE RHÉNANE

Son influence s'étend jusqu'à Verdun en remontant le cours de la Meuse, suit le cours de la haute Saône, passant par Vesoul, allant joindre Besançon, remonte le Doubs pour s'éteindre à la frontière, à l'ouest de Bâle.

Les œuvres de sculpture de cette école les plus intéressantes datent du treizième siècle, et c'est surtout à la cathédrale de Strasbourg et à Bâle que se manifeste la valeur des artistes rhénans ; toutefois, comme appartenant au douzième siècle, il faut citer : le chœur et le transept de la cathédrale de Strasbourg, l'abbaye de Noirmoutiers, l'église de Neuwiller, l'église de Sainte-Foi de Schlestadt, celle de Rosheim, une partie de l'église de Guebwiller, les ruines de l'abbaye de Murbach, l'ancienne cathédrale de Saint-Dié.

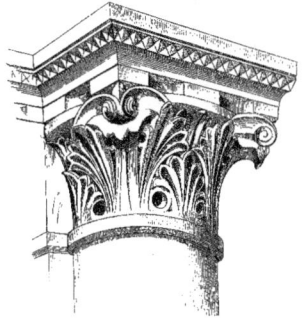

Fig. 18. — Église Saint-Laumer de Blois.
(École angevine.)

II

ÉPOQUE DE TRANSITION ET XIIIᵉ SIÈCLE

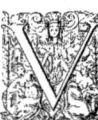ERS la fin du douzième siècle, nous l'avons dit précédemment, les écoles de la Bourgogne et de l'Ile-de-France avaient fait un pas immense et laissé loin, derrière elles, la plupart des autres écoles tout en ayant profité de leurs efforts, et, au moment où s'affirme définitivement le caractère du treizième siècle, on ne trouve plus de tendances locales, indépendamment de ces deux grands centres, qu'en Champagne, en Picardie, dans la province Rhénane, en Normandie, et quelques tentatives dans l'Anjou et le Poitou. Les autres écoles ne produisent plus; et si plus tard il s'élève sur leur sol d'importants édifices, c'est grâce à l'intervention d'artistes venus du domaine royal, de la Bourgogne et de la Normandie, comme par exemple à Clermont-Ferrand, à Lyon, à Limoges, à Carcassonne, à Narbonne, à Poitiers, au Mans, qui possèdent des édifices remarquables sous le rapport de l'architecture et de la sculpture, mais dans lesquels on ne trouve d'autres caractères spéciaux que ceux imprimés par la nature des matériaux ou par le goût personnel d'un maître de l'œuvre.

Mais, avant d'envisager le développement artistique tout particulier du treizième siècle, il faut nous arrêter à cette période de transition qui l'a préparé (de 1190 à 1240) et pendant laquelle les artistes renoncent définitivement à l'imitation du passé, pour recourir à la nature, aussi bien dans la décoration ornementale que dans la statuaire. Pour l'ornementation, les artistes de cette belle époque, dans l'Ile-de-France, la Bourgogne, la Picardie et la Champagne, choisissent les plantes les plus délicates, les feuillages les plus fins et les plus petits, ainsi que les bourgeons, en tirent parti avec une verve étonnante pour décorer les rinceaux des frises et des pieds-droits, pour enrichir les chapiteaux, les rosaces et les profils les plus divers, et savent, grâce à un esprit d'observation merveilleux, prendre dans ces éléments les lignes, les effets, les contours, les attaches que le dessin et le ciseau peuvent rendre et accentuer. Dans ces compositions, dont la base est prise dans la flore, les animaux interviennent également avec un naturalisme singulier mais sans imitation servile ; les mouvements sont vrais, mais les proportions sont accentuées parfois même jusqu'à l'exagération et les corps s'assouplissent de façon à se renfermer dans un cadre déterminé, à fournir une silhouette voulue. En un mot, les artistes, dans la faune comme dans la flore ornementale,

liers, quelle que soit d'ailleurs l'influence subie, il faut signaler la sculpture de certains édifices qui non seulement est remarquable par elle-même, mais a dû, dans la voie du progrès, laisser des traces.

Tels sont parmi ces monuments : l'église Saint-Sauveur de Blois; la cathédrale du Mans; les porches latéraux de la cathédrale de Bourges; les églises d'Angers et de Saumur; la cathédrale de Strasbourg; la cathédrale de Poitiers et une quantité d'édifices secondaires appartenant à ces diverses provinces.

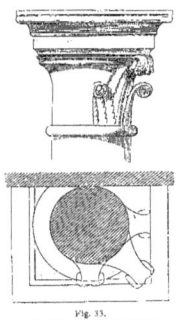

Fig. 33.
Chapiteau de Laon. (Pl. XXIII.)

se montrent innovateurs mais créent un art complet qui s'est affranchi du passé et qui s'affirme chaque jour davantage avec une élévation de pensée, une science des effets et une exécution qui l'amènent rapidement à la pureté la plus parfaite.

Les œuvres statuaires proprement dites sont relativement rares à la fin du douzième siècle, et ce n'est que plus tard que le progrès se manifeste dans toute son ampleur, mais déjà les tentatives sont remarquables et l'esprit d'observation se montre dans les gestes et dans les figures avec une grande vérité.

Dans cette période de transition, quoique l'ordre d'idées, les tendances, soient les mêmes dans diverses provinces, les interprétations de la nature varient, l'expression et le faire sont différents. Sur quoi portent ces différences, quel est le caractère distinctif de chaque école, en un mot, à quoi peut-on reconnaître d'une façon précise les œuvres des divers centres ? C'est assurément difficile à dire et nous n'entreprendrons pas cette tâche à l'aide de descriptions détaillées, car nous avons la conviction que, pour quiconque veut saisir ces nuances délicates, il est indispensable d'étudier sur les monuments, de dessiner surtout et de comparer ensuite ; rien de plus attrayant et de plus instructif d'ailleurs que cette étude et que cette recherche qui seront facilitées, nous l'espérons, par ce recueil méthodiquement fait, quelque insuffisant qu'il soit encore.

Peut-être, en poursuivant ces études, se prend-on à regretter que cette belle période de transition, à laquelle nous devons une partie de l'ornementation de nos grandes cathédrales, se transforme trop rapidement et que ces monuments n'aient pas été achevés sous la même influence ; cependant, on ne pourrait méconnaître l'unité que conservent toutes les parties d'un même édifice, malgré les modifications qui se produisent dans le caractère des détails ; unité qui est si grande qu'il faut être exercé à distinguer les expressions des douzième, treizième et quatorzième siècles pour voir que certain monument n'a pu être construit d'un seul jet ; c'est que, durant plusieurs siècles, le sentiment de l'échelle reste le même et que les principes de construction ne varient que pour se perfectionner. A coup sûr, la recherche et les tentatives qui laissent le champ libre à l'imagination font place, petit à petit, à la formule et à la richesse, mais c'est là, en fait d'art, le sort commun à toutes les productions de l'esprit humain, et il faut reconnaître que l'époque du moyen âge est sinon la plus belle, du moins celle dont les développements successifs sont les plus intéressants à étudier. Quoi qu'il en soit, pour suivre ce mouvement si remarquable de la transition, il faut étudier la cathédrale de Paris, celle de Rouen, la cathédrale de Sens, les églises de Saint-Leu, d'Évreux, de Senlis, de Lisieux, le porche de Vézelay, les cathédrales de Chartres, de Saint-Denis, du grand Saint-Nicolas de Blois, la nef de la cathédrale du Mans, Semur en Brionnais, et divers monuments de l'Ile-de-France qui ont été sinon élevés, du moins commencés dans les dernières années du douzième siècle ou au commencement du treizième.

Nous le répétons, il n'est pas possible de préciser les caractères distinctifs qui sont à cette époque particuliers à telle ou telle province, car les tendances vers l'imitation de la faune et de la flore sont identiques, mais il n'en est pas de même pour les œuvres appartenant à l'art du treizième siècle qui tenta de suivre, vers 1220, une marche bien déterminée. Aussi pensons-nous que les planches relatives à cette époque feront saisir les traits principaux, à l'aide desquels on peut distinguer les diverses écoles qui ont suivi ce mouvement et qui n'existent plus qu'en Normandie, dans l'Ile-de-France, la Bourgogne, la Champagne, la Picardie.

NORMANDIE

Parmi les beaux édifices que possède la Normandie, il en est plusieurs qui sous le rapport de l'ornementation, comme la cathédrale de Rouen (partie basse), et l'église d'Eu notamment, témoignent de l'influence de l'école si puissante de l'Ile-de-France, mais même dans cette sculpture, le caractère normand se retrouve avec une finesse de détail, un dessin pur, précieux, et une délicatesse d'exécution qui rappellent les objets d'orfèvrerie. Assurément l'échelle est petite, mais elle s'harmonise parfaitement avec les lignes et les dimensions des moulures de l'architecture, et la décoration, quoique relativement plate, est d'un effet très saisissant; les artistes de cette école affectionnaient d'ailleurs ce procédé particulier d'exécution qui est très brillant, et qui consiste à réserver, de place en place, des vides entre l'ornement sculpté et le profil auquel il se rattache. Cet usage n'est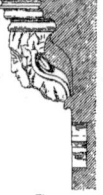

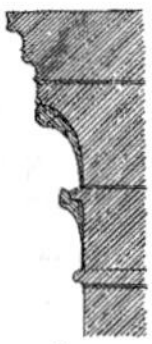

Fig. 19.
XIIIᵉ siècle. (Pl. XV.)
Chapit. Lisieux.

Fig. 21.
Cathédrale de Bayeux.
XIIIᵉ siècle.

pas spécial à la Normandie, mais il y a été particulièrement fréquent et conservé jusqu'à la Renaissance, et il prouve, incontestablement, que la sculpture était exécutée avant la pose des assises, contrairement à ce qui se fait actuellement d'une façon si barbare en matière de ravalement; aussi, en procédant ainsi, les artistes normands arrivaient-ils à une perfection surprenante et à une accentuation de formes, sans avoir besoin de recourir à des saillies prononcées; sous ce rapport, l'ornementation de cette province mérite tout spécialement d'être connue. Elle est moins intéressante dans la composition et elle ne tarde pas à devenir monotone; en cela, elle obéit d'ailleurs aux formes de l'architecture dont les profils sont peu variés, notamment les chapiteaux qui, en devenant circulaires jusque dans leurs tailloirs, n'offrent plus aux sculpteurs cette occasion de recherche que leur fournit, dans les chapiteaux à abaques rectangulaires, le

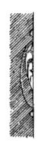

Fig. 20.
Rosace de Séez.
(Pl. XI.)

passage toujours si délicat de la forme circulaire de la colonne à celle du tailloir rectiligne.

Principaux édifices à consulter. — Églises Saint-Étienne, de la Trinité, Saint-Gilles, à Caen; cathédrales de Bayeux et de Coutances, d'Evreux, de Séez; églises de Lisieux; abbaye du Mont Saint-Michel; cathédrale de Rouen; nef de l'église d'Eu, et une quantité de petites églises du Calvados, de la Seine-Inférieure, de la Manche et de l'Eure.

Renseignements sur les planches. — Planche I, rosaces 2, diamètre de chacune $0^m,40$; chapiteau 4, hauteur $0^m,28$, diamètre de la colonne $0^m,11$. Planche II, chapiteau 1, hauteur $0^m,45$, diamètre de la colonne $0^m,46$. Planche XI, rosace 2 (voir fig. 20). Trèfle 3, largeur $0^m,19$ non compris le profil. Planche XV, chapiteaux (voir fig. 19).

BOURGOGNE

La sculpture en Bourgogne est beaucoup plus ferme, plus nerveuse qu'en Normandie; ses effets sont même parfois heurtés par suite de l'emploi d'échelles différentes pour des motifs très rapprochés les uns des autres. Cette façon de composer est-elle due seulement au hasard ou au tâtonnement? Nous le pensons pas, et il est possible, au contraire, d'admettre qu'elle était voulue; en tout cas, le goût des oppositions accentuées s'affirme, dès l'origine, dans les œuvres de cette école et se perpétue jusqu'à l'époque de la Renaissance. Comme en Normandie, on trouve en Bourgogne des chapiteaux de colonnettes dont les abaques sont circulaires, mais les chapiteaux des colonnes isolées sont souvent à pans coupés dans la partie supérieure et la transition se fait au moyen de crochets sur une corbeille circulaire; en général, ces membres importants de l'architecture sont traités avec ampleur et avec une pureté de galbe remarquable. Dans la composition des motifs de sculpture, l'école bourguignonne cherche surtout les silhouettes

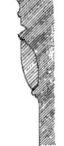

Fig. 22.
Profil.
Chapiteau.
(Nevers.)
Pl. XXIV.

accusées, l'effet décoratif; les gargouilles, les corbeaux, les culots, sont brillants et nerveux; la statuaire est également très expressive et énergiquement conçue; quant à l'exécution, malgré la dureté des matériaux généralement employés, elle ne le cède à celle d'aucune école.

Principaux monuments à consulter. — Notre-Dame de Dijon; église de Semur, en Auxois; parties de l'église de la Madeleine, à Vézelay; église de Saint-Père-sous-Vézelay; porche de l'église de Beaune; église de Flavigny; porte de l'église de Saint-Thibault; église de Clamecy; Notre-Dame de Cluny; Saint-Étienne; chœur de Saint-Germain; façade de Saint-Aurèle, à Auxerre; chœur de l'abbaye de Pontigny; église de Montréal, de Villeneuve-le-Roi; parties de la cathédrale de Sens; église de l'hospice de Tonnerre.

Renseignements sur les planches. — Planche XVIII et XIX, motifs 1 et 3, rinceaux, largeur, 0,^m80. Planche XX, chapiteau 4, hauteur 1 mètre; diamètre de la colonne, 0^m,80; motif 3, hauteur totale, compris tête et chapiteaux, 0^m,80. Planche XXI, chapiteaux 4, hauteur 0^m,78 compris tailloir, diamètre de la colonne 0^m,50; chapiteaux accouplés 1 et 3, hauteur 0^m,50, diamètre des colonnes 0^m,19. Planche XXIV, clefs de voûte, 0^m,50 de diamètre. Chapiteaux (voir fig. 22). Planche XXVIII, 2 et 4, hauteur 1^m,20. Planche XXXII, hauteur, figure 1 mètre.

PICARDIE

Cette province ne possède pas, à l'époque romane, une école dont les tendances soient bien déterminées, mais, au treizième siècle, un caractère particulier se manifeste dans le Beauvoisis, dans une partie du Soissonnais, puis au Nord, vers les Flandres, et l'école picarde se développe. C'est à elle qu'appartient la cathédrale d'Amiens, c'est-à-dire l'un des monuments les plus importants au double point de vue de l'ornementation et de la statuaire, sans parler de ses dispositions architectoniques que nous ne pouvons envisager ici.

Parmi les édifices dus à la première période dite *gothique*, celui-ci est d'autant plus attachant et plus instructif pour l'artiste, qu'on y peut suivre méthodiquement les efforts successifs faits par les sculpteurs du moyen âge pour obtenir des effets certains et saisissants, en raison de la place occupée par les motifs, soit à l'intérieur, soit à l'extérieur, ainsi que de la hauteur à laquelle ils doivent être vus. En étudiant la façade principale de la cathédrale d'Amiens, on est frappé, en effet, de la finesse de composition et d'exécution des soubassements, comme de l'allure étudiée, du caractère et de l'expression des figures rapprochées des yeux, quand, au contraire, les statues, ainsi que toute l'ornementation qui décorent les parties supérieures, sont traitées avec une accentuation énergique et presque brutale; et cependant le tout est harmonieux pour le coup d'œil d'ensemble. Vues de près, les figures de la galerie des rois paraissent étranges, grotesques même, l'ornementation grossière, mais cette exagération de mouvements, ces effets heurtés, sont voulus, et ils accusent, chez les artistes de cette époque, un grand esprit d'observation et un sentiment juste des effets. Indépendamment de la face principale de ce bel édifice, qui fait tant d'hon-

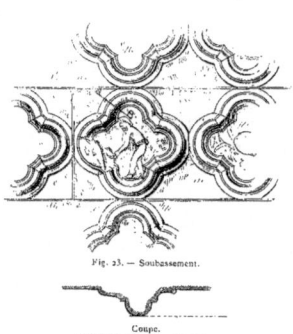

Fig. 23. — Soubassement.
Coupe.
Cathédrale d'Amiens. (Pl. IV.)

neur aux sculpteurs picards, on trouve, à chaque pas, la preuve de leur savoir et de leur habileté, notamment dans la corniche supérieure de la nef et le bandeau intérieur au-dessus du triforium qui sont d'une composition large et puissante du plus bel effet. Enfin, on ne saurait méconnaître le charme de la sculpture du transept Sud, dont la composition, le dessin et la valeur plastique sont indiscutables; ces figures qui datent de la fin du treizième siècle n'ont pas les mêmes qualités d'expression religieuse et grave qui distinguent celles du Christ et de la Vierge de la façade principale, mais elles sont empreintes d'une distinction et d'une grâce exceptionnelles qui montrent à quel degré de souplesse et de sentiment du beau les sculpteurs étaient rapidement arrivés.

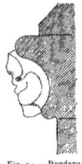

Fig. 24. — Bandeau. Cathédrale d'Amiens. (Pl. III.)

PRINCIPAUX MONUMENTS A CONSULTER. — Cathédrale d'Amiens; église de Saint-Quentin; cathédrale de Soissons; église de Noyon; église Saint-Jean-des-Vignes, à Soissons; église de Saint-Omer.

RENSEIGNEMENTS SUR LES PLANCHES. — Planche III, corniche 1, hauteur 0ᵐ,60. Bandeau 3 (voir fig. 24). Planche IV, motif 2 (voir fig. 23). Trèfle 1, largeur 0ᵐ,80, chapiteau 4, hauteur (non compris tailloir), 0ᵐ,42; diamètre de la colonne 0ᵐ,15. Planche V, arcature 1, hauteur 1ᵐ,53. Les rosaces du pied-droit, largeur de chacune 0ᵐ,20. Planche VI, hauteur du Christ 2ᵐ,40; largeur du pilier 0ᵐ,70. — *Nota*. L'arcature de la planche V forme le soubassement de la figure du Christ. La figure de la Vierge de la porte Sud façade a les mêmes dimensions. Planche IX. Vierge, hauteur 2ᵐ,00. Planche XXV, figures d'apôtres, hauteur 1ᵐ,40; elles reposent sur un socle bandeau de 0ᵐ,35 de saillie.

CHAMPAGNE

La sculpture de l'école champenoise est moins accentuée dans ses effets, moins saisissante, moins décorative que celle de l'école picarde, mais elle est plus pure dans ses lignes et dans ses rapports. C'est à la cathédrale de Reims qu'il faut étudier ce

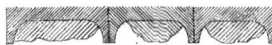
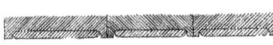

Coupe sur les figures.   Coupe sur les feuillages.
Fig. 25. — Cathédrale de Reims. (Pl. XXVI.)

caractère de finesse et cette élégance de forme, cette harmonie de composition, dans les chapiteaux, dans les motifs d'ornementation des niches décorant les faces extérieures des portails. Mais c'est surtout dans la statuaire que brille cette école au milieu du treizième siècle, aussi bien par l'ajustement des figures, eu égard à la place qu'elles occupent dans l'architecture, que par la valeur plastique et le sentiment qui est propre à chacune d'elles. Parmi les statues placées extérieurement sur la face principale, il en est plusieurs qui sont admirables d'expression et qui sont certainement dues à des artistes

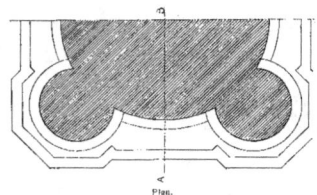

Fig. 26. Chapiteau de Reims. (Pl. XXIX.)

d'une grande valeur; il en est de très remarquables également dans les niches intérieures; enfin, il faut citer, comme d'une belle et grande allure, les anges de grande dimension placés dans les pinacles supérieurs des contreforts de la nef. C'est peut-être avec raison

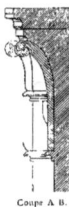

Fig. 27. — Rosace. Tombeau, transept de la cathédrale d'Amiens. (XIIIe siècle. Pl. IV.)

qu'on reproche à la façade occidentale de la cathédrale de Reims une trop grande richesse et une abondance de détails qui nuisent à l'effet d'ensemble; ce n'est pas le cas de discuter ici cette critique, mais, en restant dans le domaine de la sculpture, on ne saurait regretter cette splendeur et cette exubérance qui a permis aux artistes de cette école de créer des pages d'un grand intérêt iconographique, ainsi que

d'une composition vraiment magistrale et de montrer comment, même avec l'abondance des détails, il était possible de respecter des ordonnances architectoniques; il y a assurément, dans cette immense conception, un enseignement fécond dont on ne saurait trop profiter.

PRINCIPAUX MONUMENTS A CONSULTER. — Cathédrale de Reims; maison des Musiciens, à Reims; églises de Mouzon, de Fouchères, Bar-sur-Aube; cathédrale et églises Notre-Dame, de Saint-Jean, à Châlons-sur-Marne, d'Oger, de Saint-Amand, de Chaumont, de Toul.

RENSEIGNEMENTS SUR LES PLANCHES. — Planche XXVI, figures, hauteur 1m,35. Pour le plan des niches (voir fig. 25). Planche XXIX (voir fig. 26). Planches XXX et XXXI, hauteur des têtes 0m,40.

ILE-DE-FRANCE

Dès le douzième siècle, de toutes les écoles françaises, celle de l'Ile-de-France est la plus féconde et la plus influente, comme le prouve le nombre considérable d'édifices qui couvrent, encore aujourd'hui, le sol de cette province et d'une partie des diverses provinces environnantes. C'est également aux artistes de ce centre puissant que sont dus les principaux efforts qui ont marqué la belle période de transition dont est sorti l'art du treizième siècle. Dans ces œuvres de cette école se retrouvent toutes les qualités qui distinguent celles de la Normandie, de la Bourgogne, de la Picardie et de la Champagne, mais avec une mesure exceptionnelle, un savoir bien supérieur et une sûreté qui est surprenante; et cependant on ne saurait dire que cette école, qui n'a pas passé par le

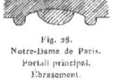
Fig. 28.
Notre-Dame de Paris.
Portail principal.
Ébrasement.

tâtonnement et les hésitations évidentes chez ses rivales, soit moins originale et moins osée dans ses conceptions, car sa verve éclate dans chacune de ses créations avec une variété et une fécondité intarissables. Qu'il s'agisse de monuments importants ou d'une simple église de village la finesse d'exécution peut quelquefois varier, mais on y trouve le même jet, la même puissance de composition, la même pureté de formes et un goût exquis d'arrangement.

Mais c'est surtout à la cathédrale de Paris, qu'il faut étudier la sculpture de l'époque de transition dans les parties basses du chœur et de la façade principale, ainsi que celle du treizième siècle, notamment sur la face du transept méridional. Cette dernière a surtout conservé, absolument intacts, ses bas-reliefs d'une superbe composition, dans lesquels la statuaire a les mêmes qualités d'expression et de sentiment qu'à Reims, mais avec plus d'ampleur et de style, avec une allure plus monumentale. Les mêmes qualités se retrouvent dans l'ornementation qui est vibrante et plantureuse et dans la faune qui a fourni aux artistes de cet édifice des sujets innombrables de gargouilles, d'amortissements, de culots et de couron-

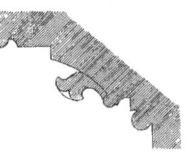
Fig. 29. — Archivolte.
(Laon.)
XIIIᵉ siècle. Pl. XXVII.

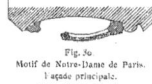
Fig. 30.
Motif de Notre-Dame de Paris.
Façade principale.
XIIIᵉ siècle. Pl. X.

nements d'un effet saisissant et s'harmonisant, de la façon la plus parfaite, avec l'architecture. Assurément toutes les parties de ce splendide édifice, aujourd'hui restauré, ne datent pas de l'origine, mais tout ce qui pouvait être conservé a été réemployé avec un soin scrupuleux, et en comparant les motifs anciens et ceux reconstitués, on est frappé de l'habileté et du génie qui ont présidé à ce travail gigantesque de restauration, l'une des plus grandes manifestations artistiques de notre temps; car, indépendamment des qualités d'assimilation pour un art délaissé et par suite inconnu dont a fait preuve le restaurateur de Notre-Dame, il a apporté dans la reconstitution de cette œuvre immense une imagination et une sûreté de composition qui sont prodigieuses.

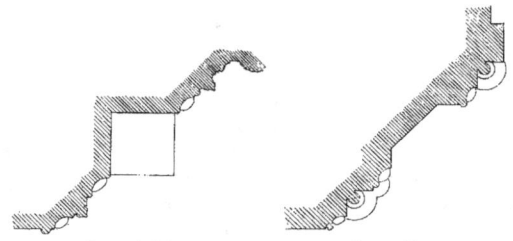

Coupe sur l'archivolte.   Coupe sur l'ébrasement.
Fig. 31. — Notre-Dame de Paris. Porte Rouge. (Pl. XVI.)

PRINCIPAUX MONUMENTS A CONSULTER. — Notre-Dame, Saint-Julien-le-Pauvre, à Paris, Sainte-Chapelle de Paris; églises de Saint-Denis; cathédrale de Meaux; Saint-Martin-des-Champs; la Chapelle-sous-Crécy; de Moret; Saint-Quiriace de Provins; Notre-Dame de Mantes; église de Champagne, de Saint-Sulpice de Favières; cathédrale de Laon; cathédrale de Chartres; églises de Senlis, de Saint-Leu, d'Evreux.

RENSEIGNEMENTS SUR LES PLANCHES. — Planche VII, figures 1 et 2, hauteur 0^m,40; chapiteaux 3 et 4; les grands, hauteur 1^m,20; diamètre de la colonne 1^m,36; les petits, hauteur 0^m,60, diamètre 0^m,48. Planche VIII. Balustrade 1^m,00; animaux 1^m,00. Planche X, rinceau 1 (voir fig. 30). Planche XII, ornements 1, 3 et 4, hauteur 0^m,20. Planche XVI, largeur de la porte, vide 1^m,30, pour les détails (voir fig. 31). Planche XVII, hauteur des figures 2^m,00. Planche XXIII (voir fig. 33). Planche XXVII (voir fig. 29). Planche XXXVI, figures, hauteur 1^m,10, saillie de 0^m,18 à 0^m,20. Planche XXXVIII et XXXIX, figures, hauteur 1^m,90.

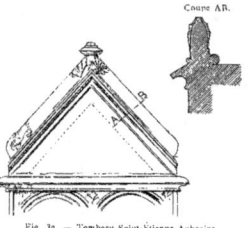

Coupe AB.

Fig. 32. — Tombeau Saint-Étienne-Aubazine.
XIIIe siècle. Pl. XXXIV.

Indépendamment des grandes écoles qui ont été précédemment signalées, certains efforts locaux ont été faits dans d'autres provinces, comme dans l'Anjou, le Poitou, le Blaisois, le Perche, le Berry et les provinces Rhénanes; mais c'est surtout dans le domaine de l'architecture qu'ils se manifestent. Toutefois, comme présentant des caractères particu-

III

XIVᵉ ET XVᵉ SIÈCLES

ET PARTIE DU XVIᵉ SIÈCLE

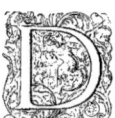ès la fin du treizième siècle, l'ornementation des édifices perd de sa simplicité; les détails se multiplient, l'échelle se réduit au détriment de l'effet; la sculpture reste intéressante à voir de près; chaque motif est séduisant, mais à distance, les formes deviennent parfois confuses. Cette tendance à exagérer l'importance des détails qui s'accuse chaque jour davantage, surtout dans les édifices religieux, s'explique du reste. En effet, il ne s'agit plus de concevoir de grands ensembles; ceux-ci sont créés sinon achevés et les artistes du quatorzième siècle sont appelés surtout à terminer des œuvres commencées ou à les transformer; d'autre part, ils sont fatalement entraînés, en raison des principes auxquels obéit l'art du treizième siècle, à jouer avec la matière, à réduire les masses, à affiner les silhouettes, et à ce point de vue, ils se montrent d'une grande hardiesse et d'une habileté étonnante; mais aussi la sculpture y perd de son charme et de son expression et devient surtout un appoint destiné à enrichir les formes architectoniques. Le quatorzième siècle a toutefois produit aussi de grandes et belles pages, dont la statuaire est particulièrement remarquable; mais c'est surtout dans les édifices civils, châteaux, hôtels, manoirs, maisons, que les sculpteurs de cette époque nous ont laissé la preuve de leur goût et de leur esprit, notamment dans la composition des culots, des tympans, des gâbles et des pignons, comme on peut encore aujourd'hui s'en convaincre en parcourant la France qui, de tous côtés, a conservé, malgré l'indifférence, le vandalisme et la spéculation, une quantité de constructions dans lesquelles la sculpture joue un rôle important.

Au quatorzième siècle, les écoles n'ont pas disparu, mais elles subirent toutes plus ou moins l'influence du domaine royal et ce n'est guère que par la nature diverse des matériaux employés, par les procédés d'exécution, par les différences d'échelle que la distinction s'accuse; mais si l'ornementation prend un caractère d'uniformité dans la composition et dans l'interprétation de la nature, il n'est pas moins instructif et intéressant de voir comment le faire se modifie en raison de la dimension des objets et de la matière mise en œuvre.

Le nombre des feuillages choisis par les sculpteurs à cette époque est plus limité, ils appliquent souvent le même à la décoration de motifs analogues et l'exécutent en pierre calcaire tendre ou dure, en granit et en bois, mais les détails se simplifient selon la matière et la dimension, avec une adresse prodigieuse; jamais ils ne recourent à la réduction servile d'un ornement et ils arrivent ainsi à donner aux ensembles une grande harmonie et une valeur artistique incontestable.

Au quinzième siècle les sculpteurs obéissent à un même ordre d'idées, mais avec plus de finesse et plus d'étude; aussi la statuaire se rapproche-t-elle davantage de la nature, surtout dans les figures qui sont parfois d'une expression et d'une vérité singulières; l'ornementation se développe dans le même sens et rappelle la végétation dans ses moindres détails avec une grande perfection, mais au détriment de l'effet monumental et de la composition.

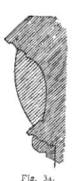
Fig. 34.
Coupe linteau.
Nevers. Pl. XVII.

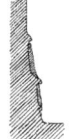
Fig. 35.
Frise. Stalles du chœur.
Cathédrale d'Amiens.

Pour les artistes de ce temps, architectes et sculpteurs, il semble que l'exécution ne présente pas de difficultés; ils en connaissent toutes les ressources, tous les procédés et les font valoir avec une habileté sans pareille, mais aussi ils ne tardent pas à tomber dans l'exagération et préparent ainsi la réaction qui doit produire la Renaissance. Quoi qu'il en soit, leurs qualités comme leurs défauts sont pour leurs successeurs une cause d'enseignement à laquelle il importe de recourir au double point de vue de l'histoire et de la pratique des arts.

QUATORZIÈME SIÈCLE. PRINCIPAUX MONUMENTS A CONSULTER. — Dans l'Ile-de-France : certaines parties du chœur de Notre-Dame de Paris; église Saint-Merry; château de Pierrefonds. — En Champagne : église Saint-Urbain, à Troyes. — En Normandie : transepts de la cathédrale de Rouen; église Saint-Ouen; parties de la cathédrale d'Évreux; église Saint-Jacques, à Dieppe. — Limousin : parties de la cathédrale de Limoges. — Languedoc : abside de l'église Saint-Nazaire de Carcassonne; cathédrale de Narbonne; Saint-André de Bordeaux. — Dauphiné : église Saint-Maurice de Vienne (portail). — Lyonnais : cathédrale de Lyon (portail et chapelle). — Anjou : église d'Évron (chœur et transepts). — Auvergne : parties de la cathédrale de Clermont-Ferrand.

QUINZIÈME SIÈCLE. PRINCIPAUX MONUMENTS A CONSULTER. — Ile-de-France : château de la Ferté-Milon; château de Châteaudun; à Paris, restes du château de Gaillon à l'école des Beaux-Arts, parties de la Sainte-Chapelle du Palais; restes de l'hôtel de Sens; restes de l'hôtel de La Trémouille, à l'école des Beaux-Arts; hôtel de Cluny. — Berry : hôtel Jacques-Cœur à Bourges. — Poitou : palais des Comtes, à Poitiers. — Somme : Tour du chœur de la cathédrale d'Amiens et stalles. — Languedoc : stalles de la cathédrale d'Auch; stalles de la cathédrale d'Albi. — Champagne : église Notre-Dame-de-l'Épine. — Bourgogne : palais des ducs de Bourgogne; parties de la cathédrale de Nevers. — Normandie : parties de l'église Saint-Pierre, à Caen églises de Saint-Lô et de Vitré; parties de l'église Saint-Ouen; Palais de Justice; église Saint-Maclou, à Rouen. — Picardie : Saint-Riquier (Somme); Saint-Wulfrand d'Abbeville.

RENSEIGNEMENTS SUR LES PLANCHES. — *Provence*. Planche I, chapiteaux, hauteur 0^m,43; diamètre de la colonne 0^m,21. — *Picardie*. Planche II, culot 1, hauteur 0^m,20. Motifs 3 et 4 grandeur demi-nature. Planche III (voir fig. 35 et 36). Planche IV, figures, 1^m,50 de hauteur (les têtes de ces statues sont modernes). Planche V, bas-reliefs, côté du carré 0^m,28; saillie de la sculpture 2 à 3 centimètres. Planche VI, ornement 1, largeur 0ᵐ,15; hauteur du fleuron 3, 0ᵐ,65; ornement supérieur 4, hauteur 0ᵐ,22. — *Languedoc.* Planche VII, têtes 1 et 2, 0ᵐ,22 de hauteur. Planche VIII, chapiteaux, hauteur 0ᵐ,40. — *Ile-de-France.* Planche IX, bas-relief, 1ᵐ,50, × 1ᵐ,50. Planche X et la suite de A et B. Planche XII, feuille 2, 0ᵐ,20 de hauteur; culots, 0ᵐ,50. — *Normandie.* Planche X, corniches 1 et 2, hauteur 0ᵐ,35; motif balustrade 3, 0ᵐ,90 de hauteur. — *Anjou.* Planche XV, figure 2, 1ᵐ,00. — *Bourbonnais.* Planche XVI, partie supérieure du dais, 0ᵐ,34, × 0ᵐ,34; hauteur des figures de 0ᵐ,27 à 0ᵐ,32. Planche XVII (voir fig. 34).

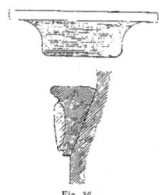

Fig. 36.
Miséricordes des stalles d'Amiens.

IV

RENAISSANCE

Au contact de l'Italie, vers la fin du quinzième siècle, l'art français subit une influence étrangère qui doit un jour lui être funeste; mais, au début, l'apport de formes inusitées, presque inconnues des artistes, n'est que favorable et vient les aider à satisfaire leur soif de nouveauté. Tout en conservant les méthodes de composition, les procédés d'exécution, les principes qui les ont guidés jusqu'alors, ils tirent parti, avec une grande habileté, des détails nouveaux qui leur sont révélés, pour donner plus d'élégance, plus de souplesse et d'imprévu à leurs conceptions; ces lignes courbes sèches, vers lesquelles ils tendaient de plus en plus et qui se mêlaient trop à l'architecture, sont transformées, par eux, en rinceaux et arabesques; les colonnettes maigres

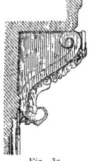
Fig. 37.
Hôtel d'Écoville
à Caen.
(Pl. XI.)

et multipliées entourant les baies sont conservées, mais leur rigidité et leur monotonie disparaissent; le galbe en est varié et se couvre d'ornements encore empruntés à la flore, mais l'interprétation de la nature est nouvelle. C'est surtout dans l'architecture civile que cette transformation se montre tout d'abord, notamment dans le château de Gaillon et dans diverses constructions de la haute Normandie; puis à Blois, dans la partie élevée par Louis XII, dont l'époque est caractéristique, et dont le nom a été d'ailleurs adopté pour désigner à tout jamais cette période de l'art, qui malheureusement ne s'étend pas au delà du règne de ce prince, sans modifications regrettables, quelle qu'ait été d'ailleurs la valeur des œuvres qu'a produites dans la suite la *Renaissance* plus avancée.

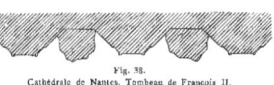
Fig. 38.
Cathédrale de Nantes. Tombeau de François II.
(Pl. XXIII.)

Fig. 39.
Tombeau.
Cathédrale de Tours.

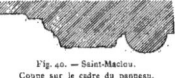
Fig. 40. — Saint-Maclou.
Coupe sur le cadre du panneau.
(Pl. XII.)

Sous François Iᵉʳ, le mouvement nouveau s'accuse davantage, mais la sculpture décorative et l'architecture perdent de leur originalité et de leur franchise d'expression; la tendance au décor indépendant de la structure se manifeste; la période de décroissance commence. Assurément, nous devons à cette époque de beaux monuments civils et religieux; on y retrouve encore des dispositions et des formes répondant aux exigences du climat et reposant sur un système raisonné de constructions mais le caractère national tend à s'effacer; la sculpture est brillante et d'une bonne exécution, mais l'intérêt de la composition, son esprit d'invention, disparaissent; les effets sont heurtés, le sentiment de l'échelle se perd par suite de l'accumulation de détails empruntés avec esprit, mais sans motif autre que le désir de la nouveauté, à la renaissance italienne. Pour se rendre compte du mouvement qui se produit alors, on ne saurait mieux faire que de comparer la partie du château de Blois construite par François Ier, et celle due à Louis XII, et on se convaincra facilement, quel que soit d'ailleurs le charme que possède la première, de son infériorité relative au point de vue de l'art. En revanche, il faut reconnaître, en ce qui concerne la statuaire, le grand pas fait par cette époque, à laquelle la France doit les œuvres des Germain Pilon, des Jean Goujon, des Barthélemy Le Prieur, et d'un grand nombre d'artistes qui, tout en profitant des leçons des grands maîtres italiens, ont su rester indépendants et donner à leurs compositions une saveur particulière qui est due à la tradition du moyen âge; cette action du passé ne peut être méconnue par quiconque veut prendre la peine de voir avec attention et de comparer. Comment expliquer ait-on d'ailleurs, si on la nie, les différences notables d'expressions artistiques qui sont frappantes entre les œuvres de certaines provinces, notamment de l'Ile-de-France, du Languedoc, de la Marne, de la Normandie et de la Bourgogne, qui ont cependant toutes subi l'influence de l'Italie, et n'est-il pas logique d'admettre que cette influence s'est exercée, en raison des traditions locales, dans chaque centre?

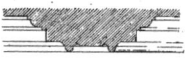
Coupe A B.

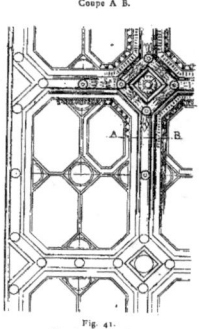
Fig. 41.
(Renaissance.) Pl. XXI.

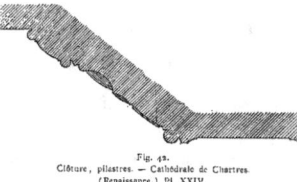
Fig. 42.
Clôture, pilastres. — Cathédrale de Chartres.
(Renaissance.) Pl. XXIV.

Au dix-septième siècle, la sculpture prend une allure plus monumentale, elle se lie bien aux lignes architectoniques; les sculpteurs d'ornements sont habiles et ingénieux, ils composent bien et apportent dans tout ce qu'ils créent une grande harmonie de formes, une tenue séduisante sans rigidité, de la distinction et de l'élégance, mais l'originalité a disparu;

l'étude de la nature est abandonnée, et il ne s'agit plus que de tirer parti de l'antiquité et de la renaissance italienne en méprisant absolument la voie ouverte par le moyen âge. Toutefois, dans l'adresse et l'habileté avec laquelle les ornements se transforment suivant la matière employée, marbre, pierre, bois ou métal, on sent que les artistes obéissent, malgré eux, à la tradition nationale qui fait leur principale force. Les statuaires subissent la même influence, et dans les œuvres de Sarrazin et de Puget, malgré les emprunts faits aux maîtres italiens, on ne saurait méconnaître un caractère distinctif qui les classe encore dans l'art français.

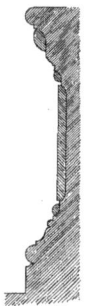

Fig. 44.
(Renaissance.) Pl. XV.
Profil.

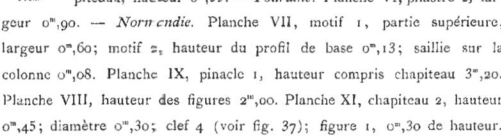

Fig. 43.
(Renaissance.)
Pl. XVI.
fig. 4.
Profil

Renseignements sur les planches. — *Languedoc*. Planche I, figures (compris gaines), 2^m,00 de hauteur. Planche II, console, saillie, non compris le pied et l'entablement, 0^m,84; hauteur 1^m,24; largeur 0^m,30; niche, largeur compris les pilastres, 0^m,70. Planche III figures, hauteur 2^m,00. Planche IV, médaillon 1 et 2; diamètre 0^m,40; fût 4, largeur 0^m,21 et 0^m,14. Planche V, chapiteaux, hauteur 0^m,55. — *Touraine*. Planche VI, pilastre 2, largeur 0^m,90. — *Normandie*. Planche VII, motif 1, partie supérieure, largeur 0^m,60; motif 2, hauteur du profil de base 0^m,13; saillie sur la colonne 0^m,08. Planche IX, pinacle 1, hauteur compris chapiteau 3^m,20. Planche VIII, hauteur des figures 2^m,00. Planche XI, chapiteau 2, hauteur 0^m,45; diamètre 0^m,30; clef 4 (voir fig. 37); figure 1, 0^m,30 de hauteur. Planche XII, figures, hauteur 0^m,55 (voir fig. 40). Planche XIV, fleuron 2, hauteur 1^m50; pinacle, largeur à la partie inférieure 1^m,00. Planche XV (voir fig. 44). Planche XVI, figure 1, diamètre colonne 0^m,35; figure 2, hauteur 0^m,46; figure 3, hauteur 0^m,55; figure 4, frise horizontale (voir fig. 43). Planche XVII, du diamètre de la colonne à la figure inclusivement, 1^m,15; saillie des rinceaux de 0^m,02 à 0^m,04; saillie du vase 0^m,07. Planche XX, figures, hauteur 0^m,43 à 0^m,45. Planche XXI (voir fig. 41). Planche XXIII (voir fig. 38), hauteur des figures 0^m,55. Planche XXIV (voir fig. 42). Planche XXV, panneaux, largeur 0^m,40; figure, hauteur 1^m,10. Planche XXVI (voir fig. 39). Planche XXVII, chapiteau, hauteur 0^m,45. Planche XXVIII, figure, hauteur 2^m,20; saillie 0^m,08 au plus. Planche XXIX, hauteur 0^m,85.

CONCLUSION

près la longue période d'abandon et de mutilations de tous genres qu'eurent à subir les monuments du moyen âge, on a enfin reconnu, en France, que nous possédions un art national, dont les œuvres devaient être transmises à la postérité. Dès lors, et cela à l'honneur du dix-neuvième siècle, les efforts et les sacrifices les plus sérieux furent faits par l'État, les communes, et même certains particuliers, pour sauver de l'oubli et même restaurer les édifices dus à cette grande époque de l'art. C'est ainsi que se forma, par suite, un groupe d'artistes, architectes, peintres, sculpteurs, qui se mirent à étudier ces œuvres, les scrutant, les analysant avec passion et en faisant ressortir les principes, les méthodes de composition et les procédés d'exécution.

Plus tard enfin se créait à Paris, — et le fait est récent, — au palais du Trocadéro, un splendide musée, dans lequel l'État groupait, avec méthode, des moulages reproduisant les plus beaux spécimens de la sculpture française au moyen âge et à la Renaissance.

Tout cela est assurément fort bien et sera d'une grande utilité pour l'avenir; mais, à la suite de ce mouvement, il semble que ce retour vers le passé doit avoir pour conséquence l'introduction de nouveaux éléments dans le système d'éducation des artistes, et néanmoins les renseignements, les documents, les richesses, s'accumulent, sans que l'École des Beaux-Arts daigne tirer parti de tous ces moyens d'instruction.

Il est cependant de toute évidence que l'enseignement donné depuis longtemps, et qui est basé uniquement sur l'étude plus ou moins superficielle de l'antiquité ou plutôt de ses dérivés abâtardis, ne suffit pas; qu'il faut élargir le cercle des connaissances artistiques et archéologiques et sortir du domaine des généralités. Or, où trouvera-t-on des éléments nouveaux, si ce n'est dans les œuvres du moyen âge et de la Renaissance? et n'est-ce pas, en définitive, dans le but de tirer parti de notre art national que la France a fait, depuis un demi-siècle, tant de sacrifices pour le faire revivre?

D'ailleurs, en dépit de l'étroite direction académique, n'est-il pas certain que les artistes, d'accord avec le public, tendent à agrandir les limites tracées et affirment des tendances éclectiques qui les font puiser à toutes les sources, aussi bien à celle du moyen âge qu'à celle de l'antiquité? Malheureusement, ces productions nouvelles sont faites sans discernement, sans méthode, sans mesure; mais n'y a-t-il pas là une raison de plus pour guider le mouvement et faire la lumière, et n'appartient-il pas à l'École de prendre l'initiative de cette rénovation, dont la nécessité est éclatante et impérieuse?

Assurément, la France possède actuellement une école de sculpteurs statuaires dont plusieurs ont une haute valeur; mais ces artistes cherchent dans une voie qui les détourne de l'art monumental, et, en tout cas, ils négligent absolument la sculpture ornementale. Indifférents, en apparence du moins, à ce mauvais goût et à ce faux luxe qui s'étalent sur nos habitations et même sur la plupart de nos édifices publics modernes, ils ne semblent pas voir davantage combien cette indifférence est fatale à nos industries d'art, dont l'état maladif ne s'explique que trop cependant.

Aussi la situation est grave, et il n'est que temps d'y remédier en cherchant à utiliser, d'une façon plus sérieuse, les aptitudes particulières, qui sont incontestables, chez nous, pour les arts, et en rattachant les études contemporaines aux principes et aux conceptions de notre passé national. Il ne saurait être question, ici, d'indiquer la méthode à suivre pour combler les lacunes que nous signalons, ce serait sortir de notre cadre; mais il nous sera bien permis, après les études et les recherches nombreuses faites pour constituer ce recueil d'œuvres françaises, d'exprimer une fois de plus la pensée que l'étude de notre art national, dans ses diverses manifestations, doit être développée et s'adjoindre, dans l'éducation des artistes, à celle de l'antiquité. Nous ajouterons, d'accord avec beaucoup de bons esprits, qu'à la suite des sacrifices faits dans notre pays depuis longtemps et en présence de l'intérêt et du prix qu'on attache aujourd'hui aux œuvres du moyen âge et de la Renaissance, l'État a le devoir d'intervenir et d'introduire la connaissance de cette époque dans l'enseignement actuel, et nous voudrions qu'on remplaçât avant tout, à l'aide de moulages de motifs choisis dans la sculpture française, la plupart des modèles défectueux qui encombrent les salles de dessin, et tendent à fausser plutôt qu'à former le goût des élèves. Le jour où cet art merveilleux sera enseigné et connu, il est permis d'espérer que les artistes contemporains, à l'exemple de ceux de la fin du douzième siècle, regarderont plus volontiers la nature et arriveront à l'interpréter directement; en tout cas, ils sortiront de l'engourdissement actuel qui est fatal à l'inspiration. Peut-être alors, un souffle nouveau animera-t-il nos conceptions et verrons-nous les sculpteurs contemporains renoncer à copier les œuvres de leurs devanciers, pour entrer dans la voie de l'observation et de la composition originale et indépendante.

A. DE BAUDOT.

PLANCHES

CARTE DES MONUMENTS HISTORIQUES DE LA FRANCE, dressée d'après la liste établie par la commission.

XIe ET XIIe SIÈCLES

Planches.		
I.	PROVENCE............	Tympan, Église Saint-Trophime d'Arles.
II.	—	Chapiteaux et corniche : 1, 2 et 4. Cloître de Saint-Trophime d'Arles. — 3. Chapelle de Sainte-Croix de Montmajour.
III.	—	Chapiteaux : 1. Portail de l'église de Saint-Trophime d'Arles. — 2. Musée d'Arles. — Corbeaux : 3 et 4. Cloître de l'abbaye de Montmajour.
IV.	—	Pilier d'angle et figures, Cloître de Saint-Trophime d'Arles.
V.	LANGUEDOC	Chapiteaux de pilastres : 1 et 2. Cloître d'Elne. — 3 et 4. Musée de Toulouse.
VI.	—	Chapiteaux, Cloître de Moissac.
VII.	—	Tailloirs, Cloître de Moissac.
VIII.	PROVENCE ET LANGUEDOC...	Tailloirs : 1. Cloître de Saint-Trophime d'Arles. — 3. Cloître d'Elne; et 4. Cloître de Moissac. — 2. Linteau, Portail, Église de Moissac.
IX.	LANGUEDOC............	Chapiteaux : 1. Fenêtre, Hôtel de Ville de Saint-Antonin; et 2. Portail, Église Saint-Nazaire à Carcassonne. — 3. Personnages, Tympan, Église de Moissac. — 4. Trumeau, Portail, Église de Moissac.
X.	—	Chapiteaux : Portes de la façade principale, Église Saint-Sernin de Toulouse.
XI.	—	Figures d'apôtres provenant de la salle capitulaire, Musée de Toulouse.
XII.	NORMANDIE............	Chapiteaux, Abbaye-aux-Dames, à Caen.
XIII.	—	Cathédrale de Rouen : 1 et 2. Chapiteaux. — 3. Pied-droit; et 4. Archivolte.
XIV.	—	Porte de la cathédrale de Rouen : 1, 2 et 4. Pieds-droits. — 3. Archivolte.
XV.	ILE-DE-FRANCE............	Statues, Portail du transept Nord, Église abbatiale de Saint-Denis.
XVI.	—	Abside de Saint-Martin-des-Champs, Conservatoire des Arts-et-Métiers : 1 et 2. Chapiteaux. — Portail, Abbaye de Saint-Denis : 3. Fût de colonne, et 4. Archivolte.
XVII.	SAINTONGE	Église Sainte-Marie-aux-Dames, à Saintes : 1 et 2. Tailloir et voussure. Collatéral de l'église Saint-Eutrope, à Saintes : 3 et 4. Culots.
XVIII.	—	Archivolte, Porte de Sainte-Marie-aux-Dames, à Saintes.
XIX.	—	Tympan, Façade principale, Cathédrale d'Angoulême.
XX.	—	Portes latérales : 1. Église de Fenioux, et 2. Église de Saint-Amant-de-Boixe.
XXI.	ILE-DE-FRANCE............	Figures, Portail principal, Cathédrale de Chartres.
XXII.	SAINTONGE ET TOURAINE....	Chapiteaux à Saintes : 1 et 2. Crypte de Saint-Eutrope. — 3 et 4. Nef de Saint-Aignan.
XXIII.	TOURAINE............	Chapiteaux : 1 et 3. Cathédrale du Mans. — 2 et 4. Église de Saint-Laumer, à Blois.
XXIV.	—	Chapiteaux, Église Saint-Laumer, à Blois : 1, 2 et 4. Chœur; et 3. Transept.
XXV.	ILE-DE-FRANCE............	Chapiteaux du narthex, Abbaye de Saint-Benoît-sur-Loire.

LA SCULPTURE FRANÇAISE.

TABLE DES PLANCHES

Planches.			
XXVI.	Bourgogne............		Eglise de Vezelay : 1 et 3. Chapiteaux de la nef. — 2. Corbeau (porte latérale du porche); et 4. Chapiteau du porche.
XXVII.	—	....	Porte principale sous le porche, Cathédrale d'Autun : 1, 2 et 3. Ornements de colonne et de pieds-droits, et 4. Motifs de l'Archivolte.
XXVIII.	—	....	Eglise de Vezelay : 1 et 2. Chapiteaux du narthex. — 3 et 4. Bases de colonnes.
XXIX.	—	....	1. Archivolte, Dijon. — 2, 3 et 4. Motifs divers, Portail de l'église d'Avallon.
XXX.	—	....	Tympan, Porte principale, Eglise de Vézelay.
XXXI.	—	....	Chapiteaux divers, Nef de la cathédrale d'Autun.
XXXII.	—	....	Eglise Sainte-Croix à la Charité-sur-Loire : 1 et 2. Rosaces du clocher. — 3 et 4. Chapiteaux du chœur.
XXXIII.	École de l'Ile-de-France.		Chapiteaux, Frise et motifs divers, Portail nord, Cathédrale de Bourges.
XXXIV.	Languedoc............		Tympan, Porte principale, Eglise de Moissac.
XXXV.	Provence............		Pilastres de la façade, Eglise Saint-Gilles.

XIIIe SIÈCLE

I.	Normandie......	....	Cathédrale de Bayeux : 1. Frise (nef). — 2. Rosace (transept). — 3 et 4. Chapiteaux (chapelles).
II.	—	....	Cathédrale de Bayeux : 1. Chapiteau (nef). — 2. Frise (chapelle). — 3. Frise (nef); et 4. Frise et rosace (chœur).
III.	Picardie et Ile-de-France.		Cathédrale d'Amiens : 1. Corniche (extérieur); et 3. Bandeau (intérieur). — Eglise de N.-D. de Noyon : 2. Archivolte (cloître); et 4. Frise (portail principal).
IV.	—	....	Cathédrale d'Amiens : 1. Rosace (transept). — 2. Motif (soubassement, façade principale.) — 3. Niche et Figure (portail); et 4. Chapiteau (chapelle du chœur).
V.	—	....	Portail principal, Cathédrale d'Amiens : 1. Trumeau. — 2, 3 et 4. Culots sous les statues.
VI.	—	....	Cathédrale d'Amiens : 1. Christ (porte principale, façade). — 2. Vierge (porte sud, façade).
VII.	Ile-de-France......		Notre-Dame-de-Paris : 1 et 2. Soubassement, Portail principal. — 3 et 4. Chapiteaux, Colonnes de la nef.
VIII.	—	....	Animaux, Balustrade des tours, Plate-forme du beffroi, Notre-Dame-de-Paris.
IX.	Picardie............		Figure de Vierge, Porte du transept Sud, Cathédrale d'Amiens.
X.	Ile-de-France......		Notre-Dame de Paris : 1, 3 et 4. Motifs de la façade principale. — Eglise Saint-Martin-des-Champs : 2. Fragment.
XI.	Normandie............		Cathédrale de Séez : 1, 2 et 4. Motifs, porte Sud. — 3. Rosace, Arcature du chœur.
XII.	Ile-de-France ..	....	Cathédrale de Chartres, Porches latéraux : 1, 3 et 4. Ornements de colonnes torses. — 2. Fragment de vêtement.
XIII.	Maine............		Crochets, Voussures du porche, Eglise N.-D. de la Couluture au Mans.
XIV.	—	....	Figures, —
XV.	Normandie............		Chapiteaux, Eglise Saint-Pierre de Lisieux.
XVI.	Ile-de-France......		Tympan, Porte rouge, Notre-Dame de Paris.
XVII.	—	....	Statues, Porche sud, Cathédrale de Chartres.
XVIII.	Bourgogne............		Ornements, façade principale, Eglise N.-D. de Dijon.
XIX.	—	....	Eglise N.-D. de Dijon, façade principale : 1 et 2. Figures et animaux. — 3. Ornement.
XX.	—	....	Musée de Dijon : 1. Clef de voûte. — Eglise de Semur : 2. Gargouilles. — 3 et 4. Chapiteaux dans le chœur.
XXI.	—	....	Motifs divers, Eglise de Saint-Père-sous-Vézelay.
XXII.	—	....	Motifs divers, Eglise de Semur.

TABLE DES PLANCHES

Planches.		
XXIII.	Ile-de-France.	Chapiteaux, Cathédrale de Laon.
XXIV.	Bourgogne.	Cathédrale de Nevers : 1 et 2. Chapiteaux, Bas-côté droit. — 3 et 4. Clefs de voûte de la nef.
XXV.	Picardie.	1. Linteau de la porte Sud, Cathédrale d'Amiens. — 2. Frise, Cathédrale de Noyon. — 3. Frise, Cathédrale de Reims.
XXVI.	Champagne.	Figures, Face intérieure du portail, Cathédrale de Reims.
XXVII.	Ile-de-France.	Cathédrale de Laon : 1 et 2. Archivoltes. — 3. Clef de voûte; et 4. Chapiteau.
XXVIII.	Bourgogne et École de l'Ile-de-France.	Cathédrale de Bourges : 1. Figures, Portail central; et 3. Griffes, colonnes de la Crypte. — Cathédrale de Nevers : 2 et 4. Figures à la base des colonnes, Triforium, Face extérieure.
XXIX.	Champagne.	Chapiteaux, Cathédrale de Reims.
XXX.	—	Tête de statue, Portail central, Cathédrale de Reims.
XXXI.	—	Tête de statue, —
XXXII.	Bourgogne.	Figures du porche, Eglise de Saint-Père-sous-Vézelay.
XXXIII.	École de l'Ile-de-France.	Tympan, Portail principal, Cathédrale de Bourges.
XXXIV.	Limousin.	Eglise d'Aubazine. — Tombeau de Saint-Etienne, ensemble.
XXXV.	—	— Détail d'un des gâbles.
XXXVI.	Champagne.	Motif, Porte principale, Face intérieure, Cathédrale de Reims.
XXXVII.	Ile-de-France.	Tympan, Porte du Transept Sud, Cathédrale de Paris.
XXXVIII.	—	Statue de saint, Sainte-Chapelle du Palais, Paris.
XXXIX.	—	Statue de saint — —

XIVᵉ ET XVᵉ SIÈCLES

I.	Provence.	Chapiteaux, Cloître de Saint-Trophime d'Arles.
II.	Picardie.	Cathédrale d'Amiens : 1. Culot (stalles du chœur). — 2. Crochet de rampant. — 3 et 4. Figures (arcature du chœur).
III.	—	Cathédrale d'Amiens : 1 et 2. Frises — 4. Miséricorde (stalles du chœur). — 3. Culot (transept).
IV.	Normandie.	Statues, Portail des Libraires, Cathédrale de Rouen.
V.	—	Soubassement, —
VI.	—	Eglise Saint-Jacques à Caen : 1. Archivolte; et 2. Corbeaux. — Eglise Saint-Ouen à Rouen : 3. Pinacle (face latérale); et 4. Culot (Piliers de la nef).
VII.	Languedoc.	Eglise Saint-Nazaire à Carcassonne : 1 et 4. Culots d'arcature; et 2. Corbeau (corniche de l'abside). — Musée de Narbonne : 3. Figure.
VIII.	—	Chapiteaux, Chœur de l'église Saint-Nazaire à Carcassonne.
IX.	Ile-de-France.	Bas-relief, Notre-Dame de Paris.
X.	Normandie.	Saint-Ouen, Rouen : 1. Gargouille; et 2. Frise intérieure. — Palais de justice de Rouen : 3 Balustrade; et 4. Bandeau.
XI.	Ile-de-France.	Château de Gaillon : 1 et 2. Panneaux en bois. — Chapelle de Vincennes, Tourelle extérieure : 3. Chapiteau. — Hôtel La Trémouille à Paris : 4. Rosace.
XII.	—	Chapelle de Vincennes, Tourelles de la façade : 1 et 3. Petites gargouilles. — 2. Frise à l'intérieur; et 4. Culot sous les colonnettes adossées.
XIII.	—	Motifs divers, Parties basses du chœur, extérieur, Notre-Dame de Paris.
XIV.	Anjou.	Eglise d'Evron : 1. Cul-de-lampe. — 2. Chapiteaux du chœur; et 3. Détail de gâble.
XV.	—	Eglise d'Evron : 1. Tympan et gâble; et 2. Chapiteaux et statuettes du chœur.
XVI.	Bourbonnais.	Dais, Portail de la cathédrale de Lyon.
XVII.	Bourgogne.	Cathédrale de Nevers : 1, 2 et 3. Chapiteaux de la nef; et 4. Frise, porte latérale Sud.

RENAISSANCE

Planches.		
I.	Languedoc	Cariatides, Maison de pierre à Toulouse.
II.	—	Portail de l'Eglise de la Dalbade, Toulouse : 1. Niche. — Hôtel d'Assezat, Toulouse : 2. Console.
III.	—	Cariatides, Hôtel de Labordes à Toulouse.
IV.	—	Musée de Toulouse : 1 et 2. Symboles des évangélistes. — Hôtel de Labordes, Toulouse : 3. Cartouche. — Eglise de la Dalbade, Toulouse : 4. Fût de colonne.
V.	Touraine	Chapiteaux de pilastres, Château de Chambord.
VI.	Ile-de-France et Touraine.	1. Motif d'un portail, actuellement à l'école des Beaux-Arts, Paris. — 2. Pilastre, Escalier, Partie François Ier, Château de Blois.
VII.	Normandie	Hôtel d'Ecoville à Caen : 1. Clef (porche). — 2. Griffe (base de colonne); et 4. Culot (pilastre). — Eglise Saint-Pierre à Caen : 3. Frise (intérieur).
VIII.	—	Statues (rez-de-chaussée), Hôtel d'Ecoville à Caen.
IX.	—	Eglise Saint-Pierre à Caen, abside : 1. Pinacle. — Hôtel d'Ecoville à Caen (1er étage) : 2. Motif.
X.	—	Motifs divers, Abside de Saint-Pierre de Caen : 1 et 4. Intérieur. — 2 et 3. Extérieur.
XI.	—	Tombeau du cardinal d'Amboise à Rouen : 1. Figure marbre. — Hôtel d'Ecoville à Caen : 2 et 4. Chapiteau et console. — Chapelle Saint-Pierre, à Caen : 3. Dais tenant à un pilier.
XII.	—	Panneaux en bois, Portes de l'église Saint-Maclou à Rouen.
XIII.	Ile-de-France	Panneaux en bois, provenant du château de Gaillon.
XIV.	—	Chapelle de Vincennes : 1. Pinacles des contreforts; et 2. Fleurons des gâbles.
XV.	—	Bas-relief, actuellement à l'école des Beaux-Arts, Paris.
XVI.	—	1. Fût de colonne, provenant du Louvre. — 2, 3 et 4. Motifs divers, actuellement à l'Ecole des Beaux-Arts, Paris.
XVII.	Touraine	Château de Blois : 1 et 2. Frises de cheminées; et 3. Dessus de porte, Grand escalier.
XVIII.	Saintonge	Niche et statue, Château d'Usson.
XIX.	Ile-de-France	Motifs de frises, maison d'Agnès Sorel à Orléans.
XX.	Bourgogne	Statuettes diverses, Tombeaux des ducs de Bourgogne, Musée de Dijon.
XXI.	—	Motifs dans les voussures du portail, Eglise Saint-Michel de Dijon.
XXII.	—	1. Façade d'une maison à Dijon. — Hôtel de Vogué à Dijon : 2 et 3. Colonne et pilastre dans la cour.
XXIII.	Bretagne	Statuettes, Tombeau de François II, duc de Bretagne, Cathédrale de Nantes.
XXIV.	Ile-de-France	Pilastres, Clôture de pierre, Chœur de la cathédrale de Chartres.
XXV.	—	Panneaux en bois, Porte Nord, Eglise de Gisors.
XXVI.	Touraine	Tombeau, Cathédrale de Tours.
XXVII.	Ile-de-France	Chapiteaux et frises, Porte Nord, Eglise de Gisors.
XXVIII.	—	Figures, Bas-reliefs, Fontaine des Innocents, Paris.
XXIX.	—	Frise d'une cheminée, Château de Châteaudun.

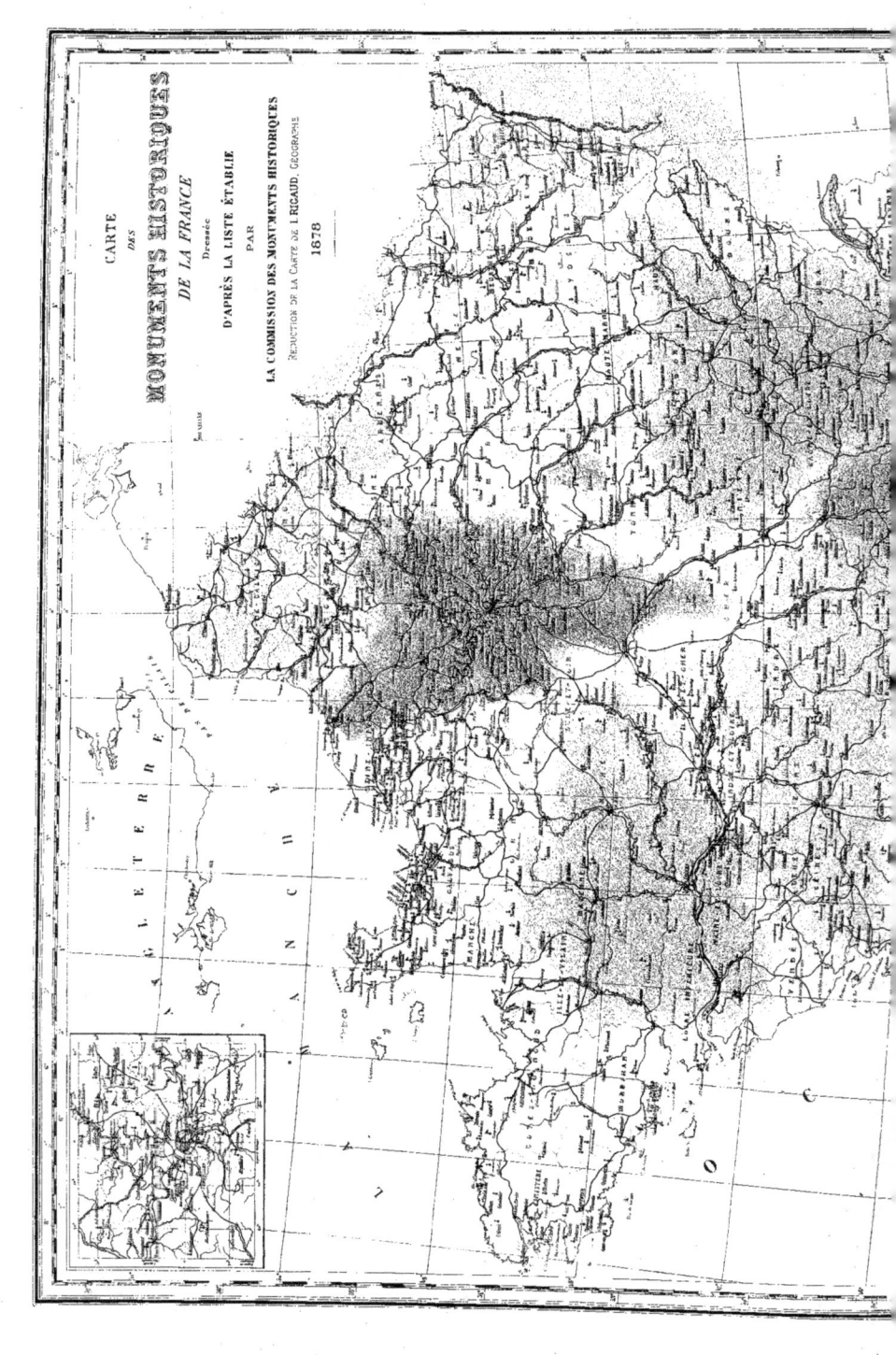

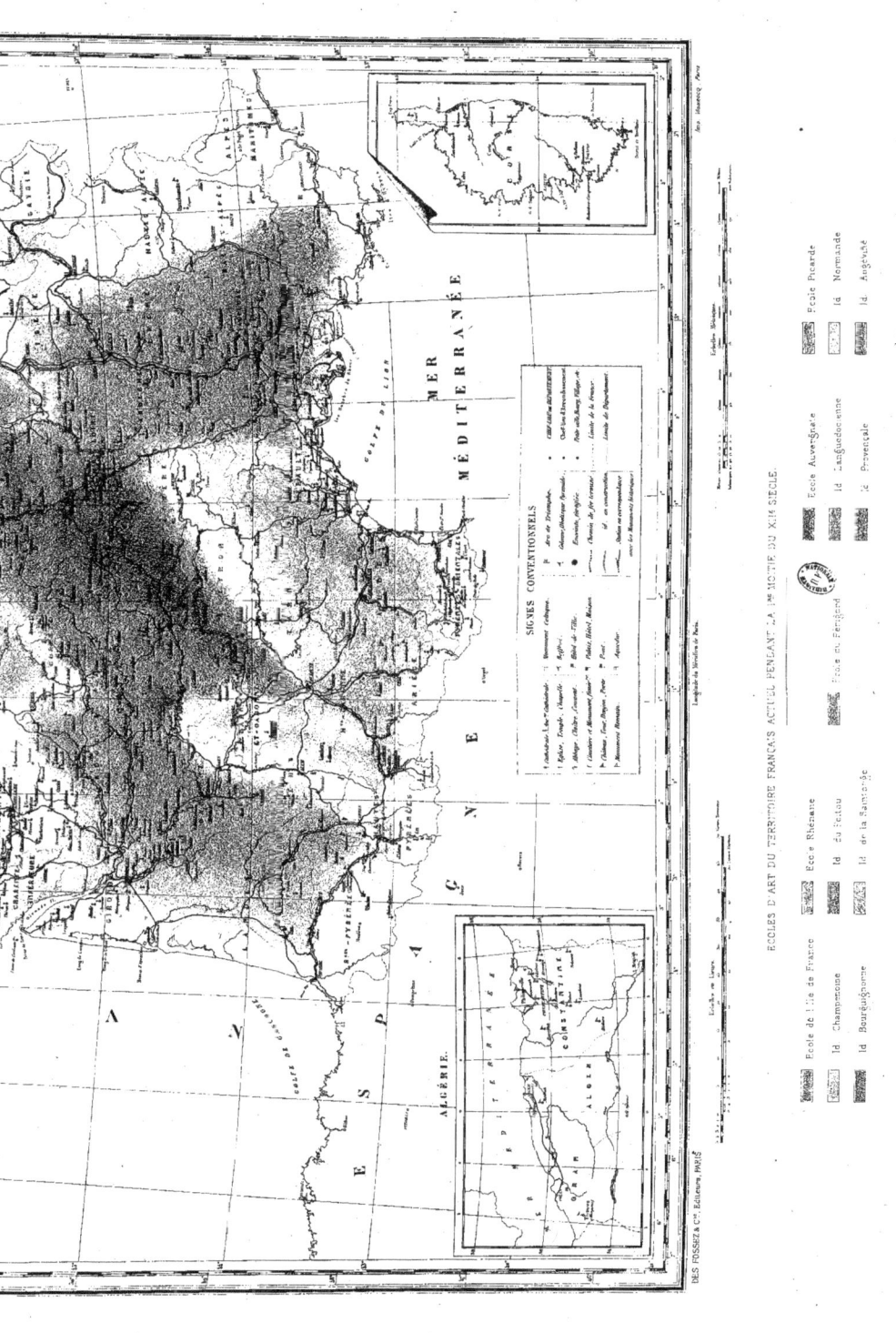

ECOLES D'ART DU TERRITOIRE FRANÇAIS ACTUEL PENDANT LA 1ère MOITIÉ DU XIIe SIÈCLE.

SCULPTURE FRANÇAISE　　　　　　　XII° SIÈCLE

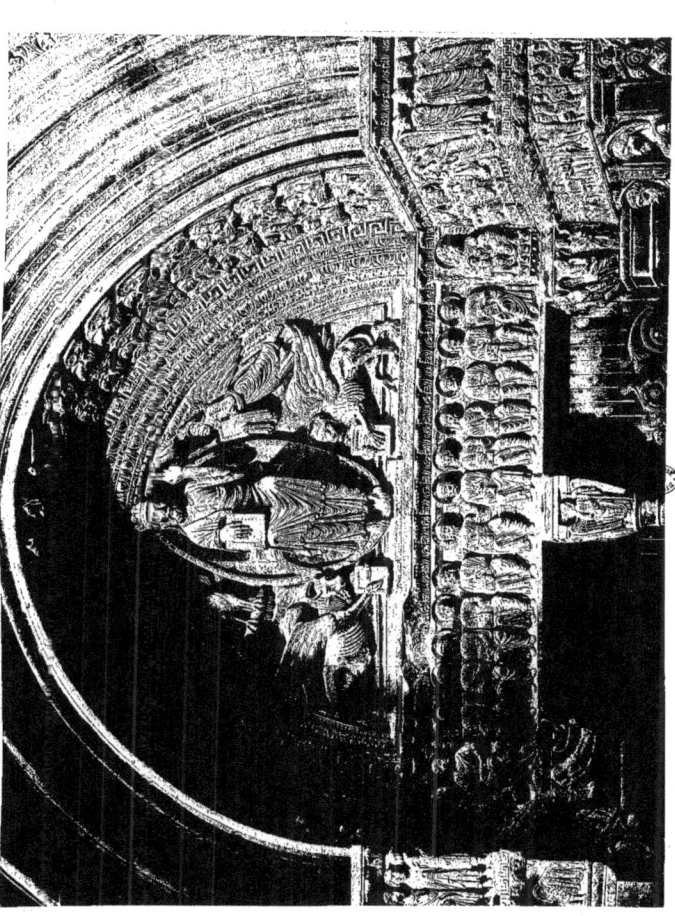

PROVENCE

TYMPAN
ÉGLISE SAINT-TROPHIME D'ARLES

SCULPTURE FRANÇAISE

PROVENCE

XIIe SIÈCLE PL. 5

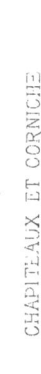

CHAPITEAUX ET CORNICHE

1, 2, 4. — CLOÎTRE DE S^T TROPHIME D'ARLES — 3. CHAPELLE DE Ste CROIX DE MONTMAJOUR

SCULPTURE FRANÇAISE

PROVENCE — XIIe SIÈCLE — Pl. III

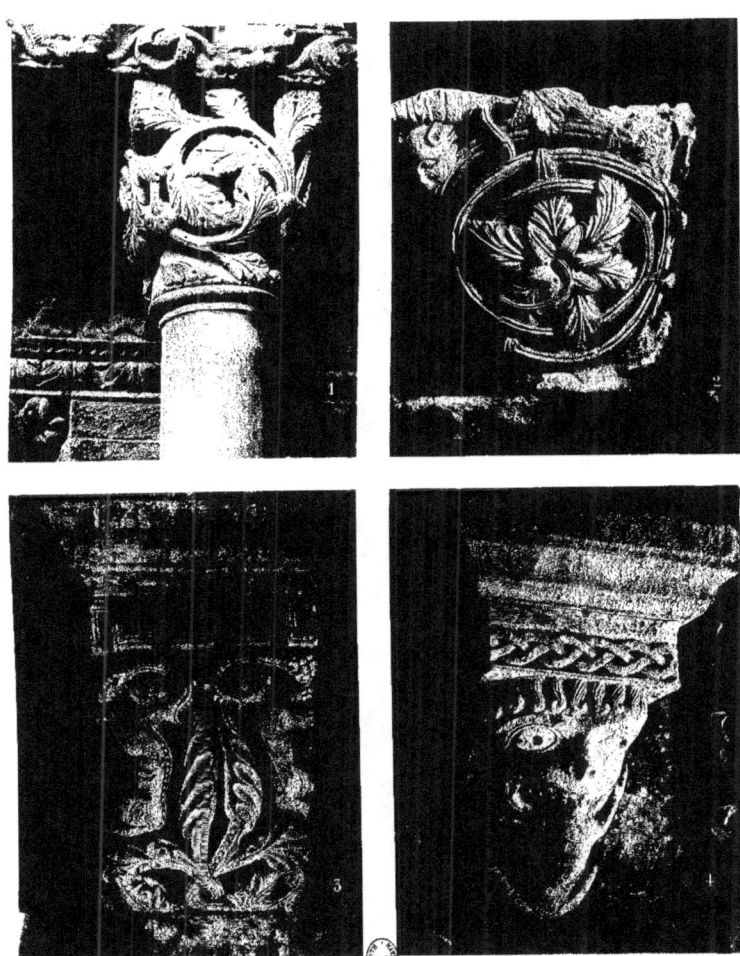

CHAPITEAUX
1. PORTAIL DE L'ÉGLISE S^T TROPHIME D'ARLES — 2. MUSÉE D'ARLES

CORBEAUX
3 et 4 — CLOÎTRE DE L'ABBAYE DE MONTMAJOUR

SCULPTURE FRANÇAISE

PROVENCE XIIe SIÈCLE. PL. IV

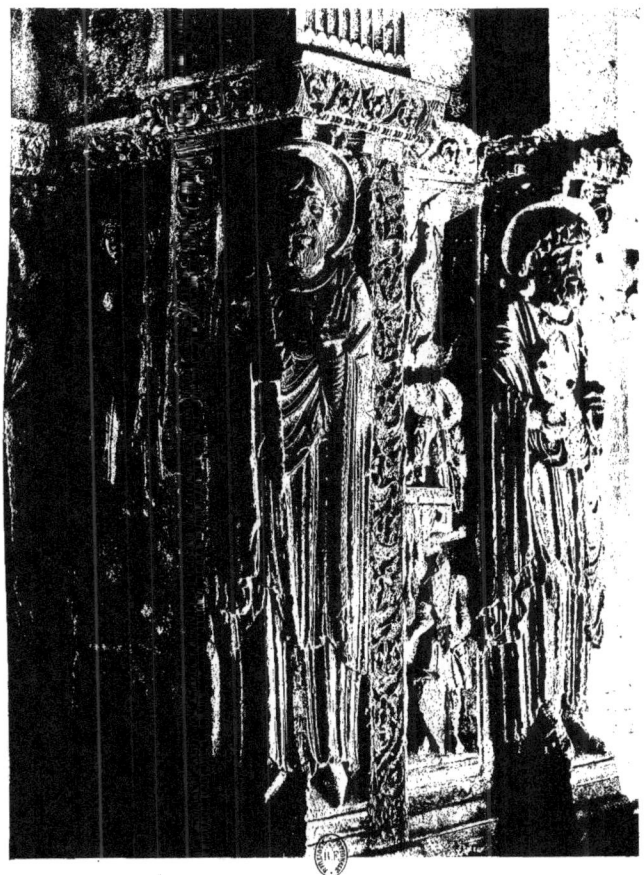

PILIER D'ANGLE ET FIGURES
CLOÎTRE DE SAINT TROPHIME D'ARLES

SCULPTURE FRANÇAISE

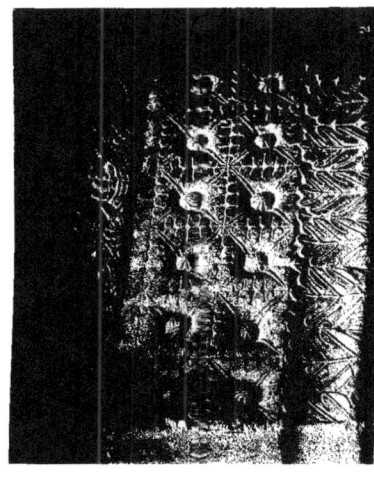
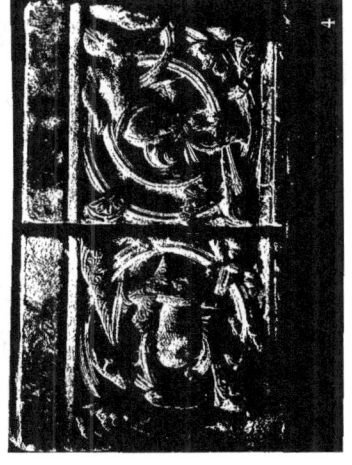
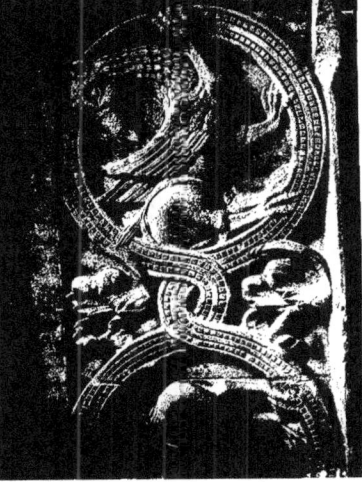
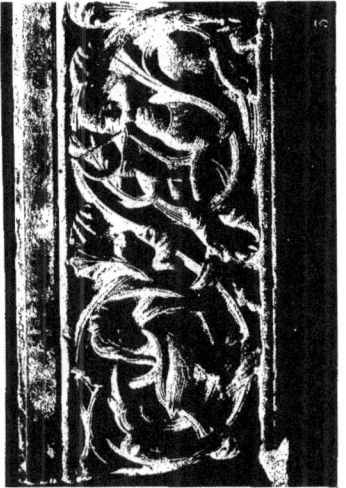

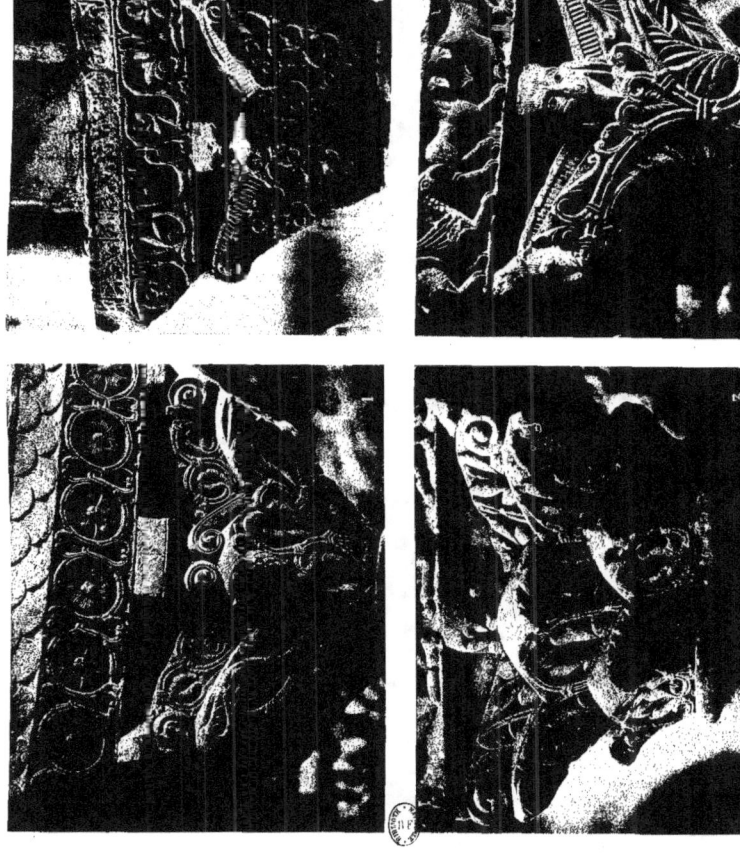

SCULPTURE FRANÇAISE — XII° SIÈCLE

LANGUEDOC

CHAPITEAUX
CLOÎTRE DE MOISSAC

SCULPTURE FRANÇAISE

XII.e SIÈCLE. Pl. VII

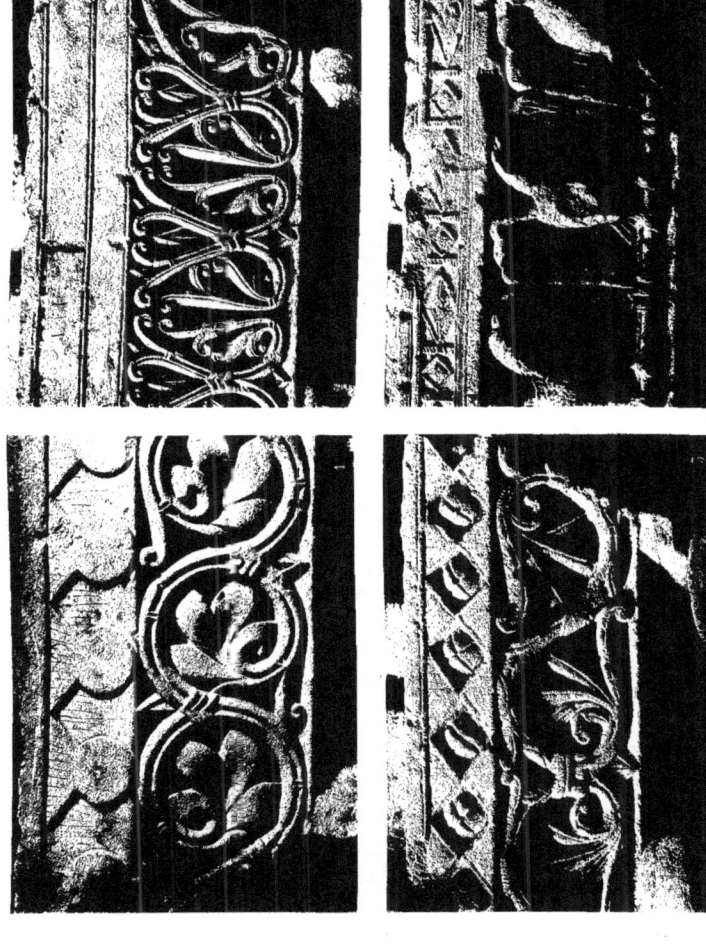

LANGUEDOC

TAILLOIRS
CLOÎTRE DE MOISSAC

PROVENCE ET LANGUEDOC

XIIe SIÈCLE PL VI

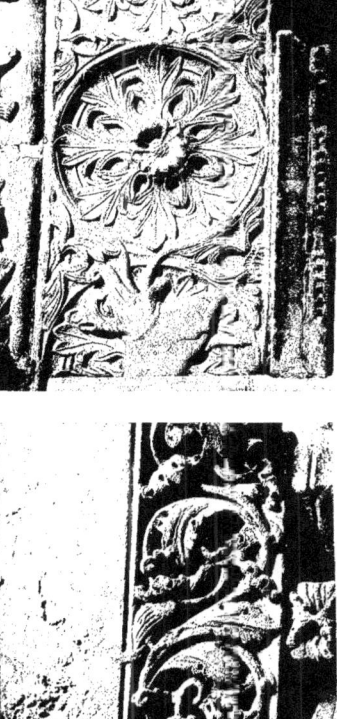
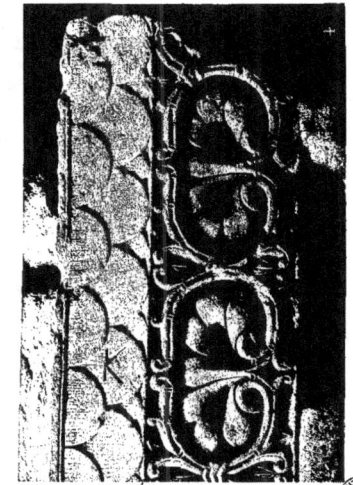
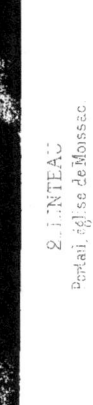

1. TAILLOIR
Cloître de St Trophime d'Arles
3. TAILLOIR
Cloître d'Elne

2. LINTEAU
Portail église de Moissac
4. TAILLOIR
Cloître de Moissac

SCULPTURE FRANÇAISE

LANGUEDOC   XIIe SIÈCLE — PL. IX

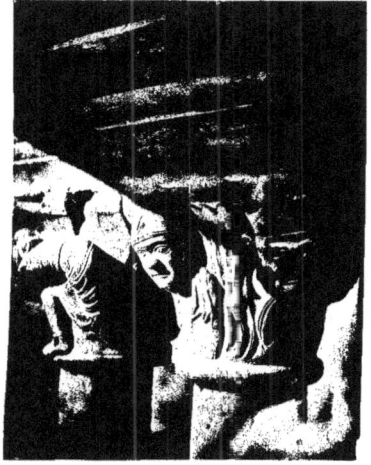

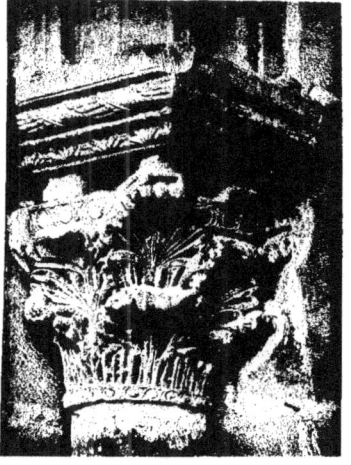

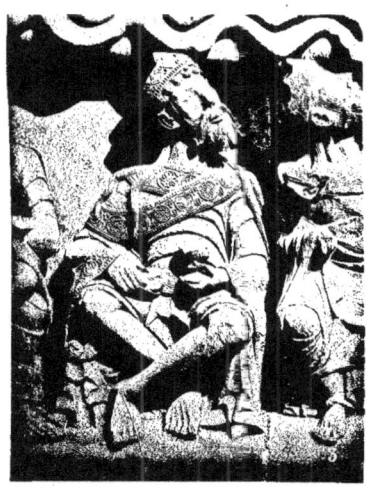

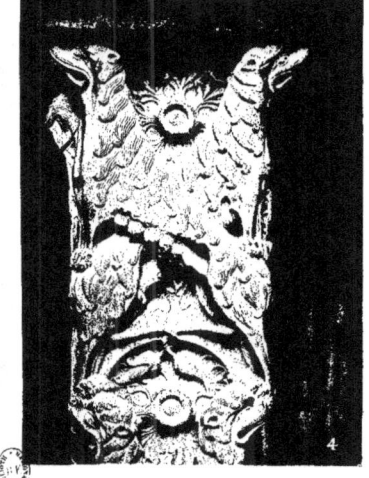

1. CHAPITEAU
FENÊTRE, HÔTEL DE VILLE DE St ANTONIN

2. CHAPITEAU
PORTAIL, ÉGLISE St NAZAIRE (CARCASSONNE)

3. PERSONNAGES
TYMPAN, ÉGLISE DE MOISSAC

4. TRUMEAU
PORTAIL, ÉGLISE DE MOISSAC

Vve A. MOREL & Cie, Éditeurs   MIEUSEMENT Phot.

SCULPTURE FRANÇAISE

LANGUEDOC   XII° SIÈCLE. PL. X

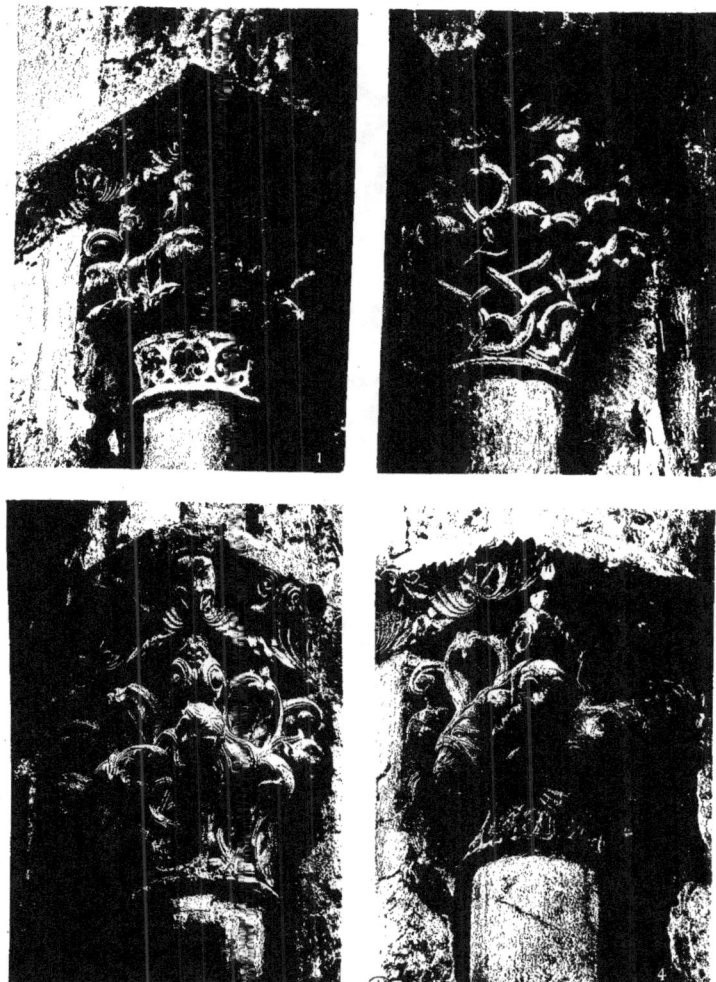

CHAPITEAUX
PORTES DE LA FAÇADE PRINCIPALE
(ÉGLISE St SERNIN DE TOULOUSE)

V°" A MOREL & C°° Éditeurs   MIEUSEMENT Phot

SCULPTURE FRANÇAISE

LANGUEDOC XIIᵉ SIÈCLE – PL. XI

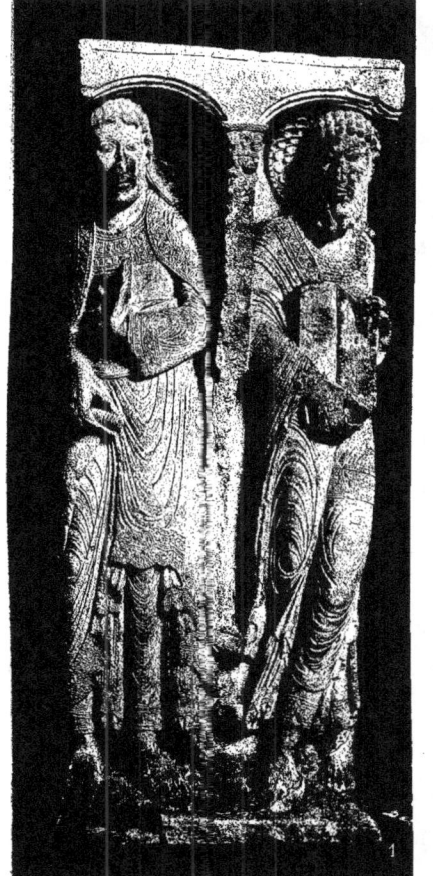
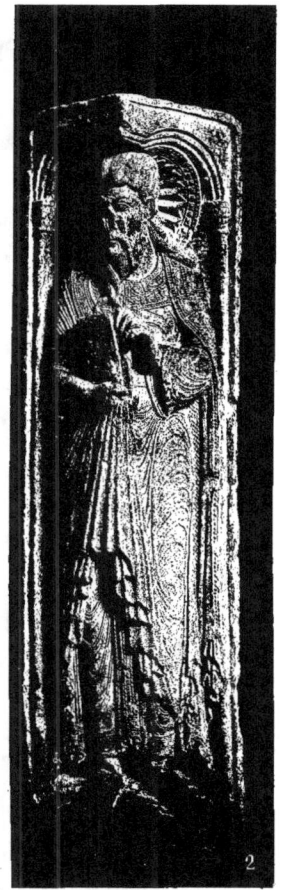

FIGURES D'APÔTRES
PROVENANT DE LA SALLE CAPITULAIRE
(Musée de Toulouse)

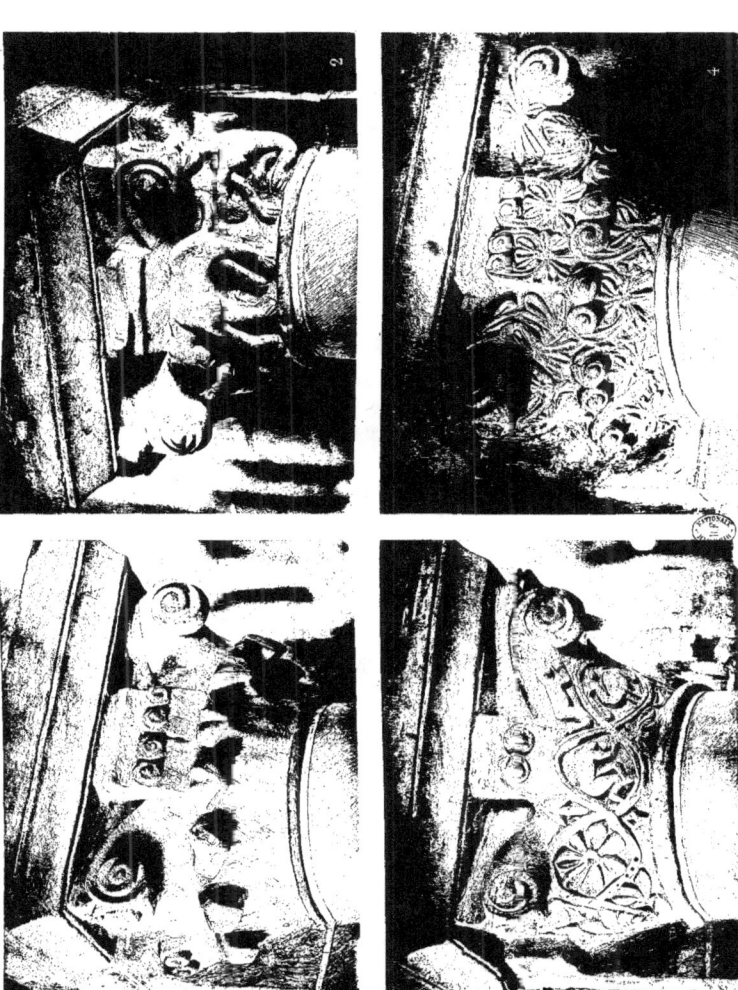

SCULPTURE FRANÇAISE

NORMANDIE

Xe & XIe SIÈCLE — PL. XI

CHAPITEAUX

ABBAYE-AUX-DAMES A CAEN

SCULPTURE FRANÇAISE

NORMANDIE XIIe SIÈCLE PL. XIII

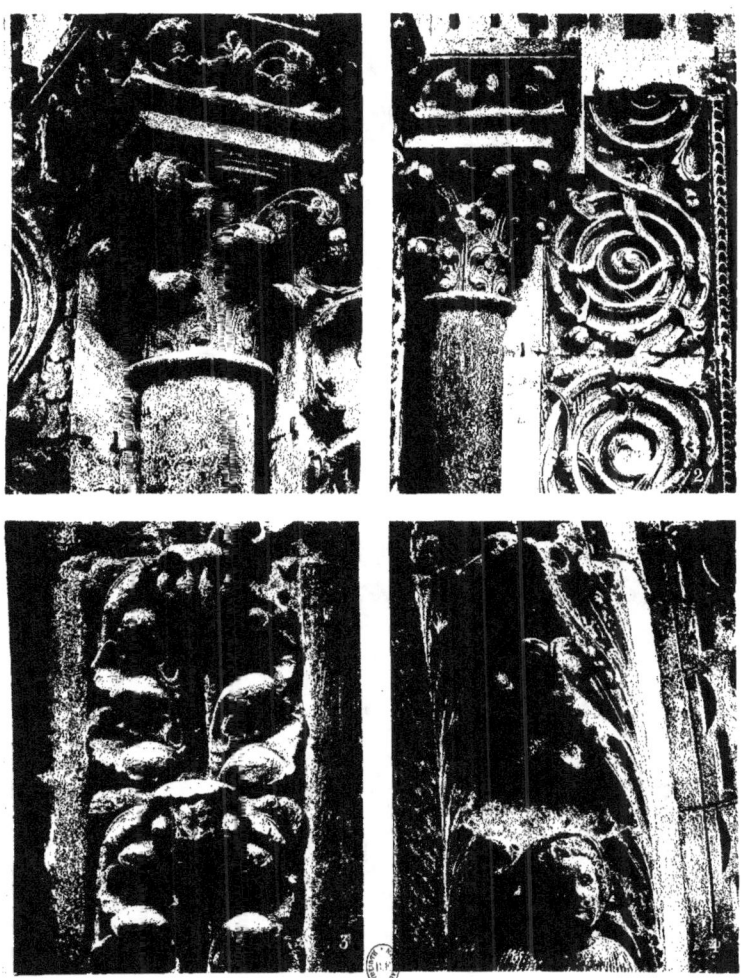

1. 2. CHAPITEAUX — 3. PIÉDROIT — 4. ARCHIVOLTE
CATHÉDRALE DE ROUEN

SCULPTURE FRANÇAISE

XII° SIÈCLE_PL XIV

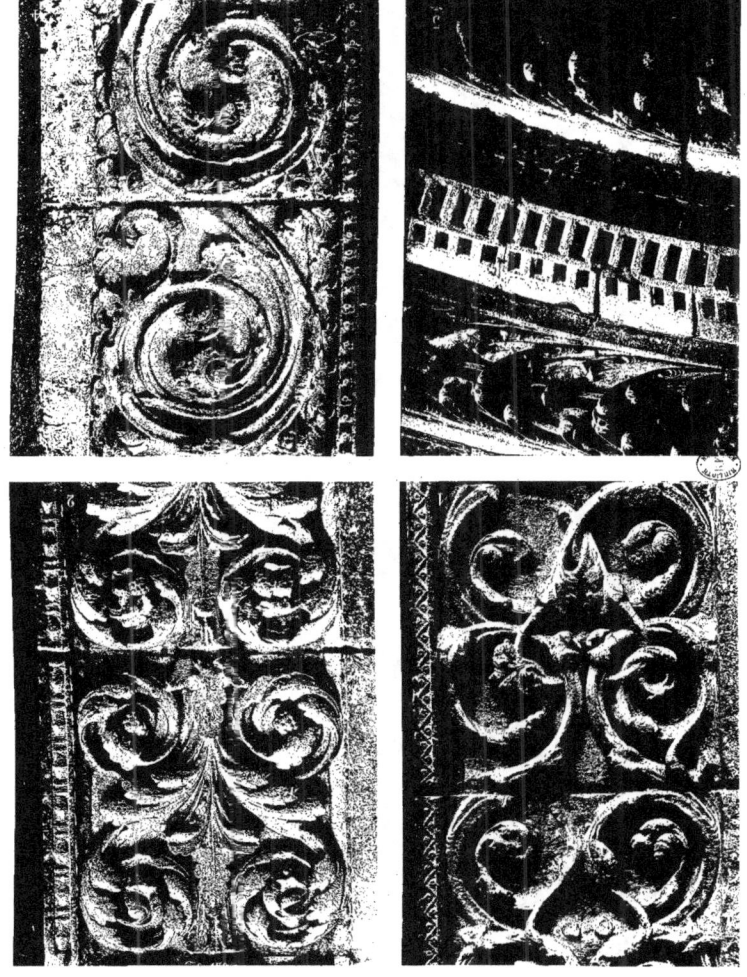

NORMANDIE

1_2_4_PIÉDROITS 3_ARCHIVOLTE
PORTE DE LA CATHÉDRALE DE ROUEN

SCULPTURE FRANÇAISE

ILE DE FRANCE. XIIe SIÈCLE. Pl. XV.

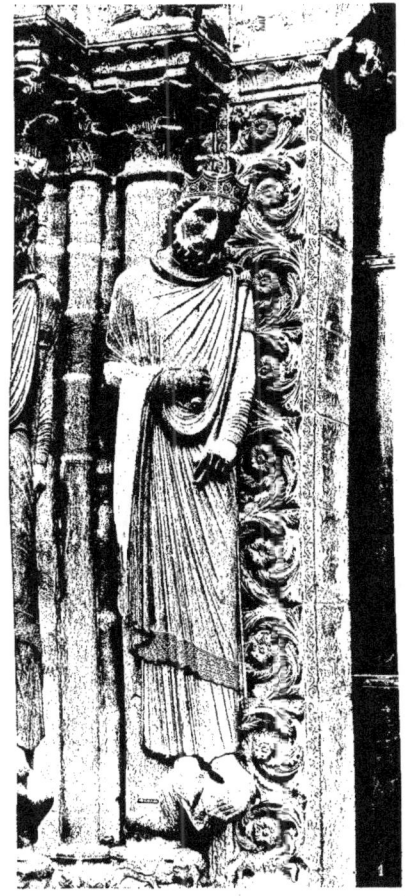 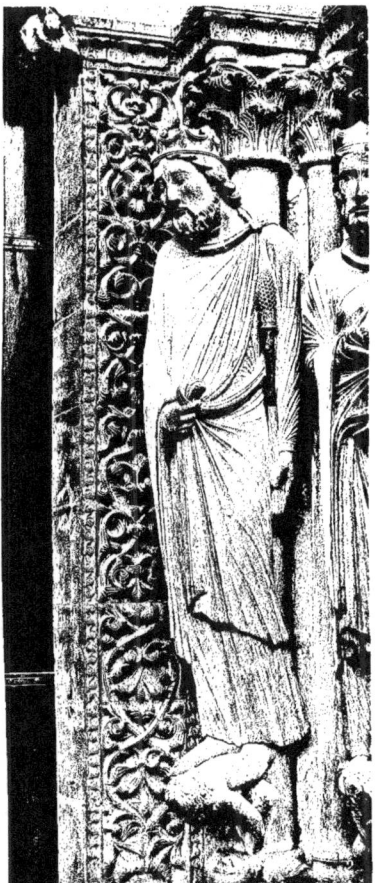

STATUES.
PORTAIL DU TRANSEPT NORD
(Église abbatiale de St Denis)

SCULPTURE FRANÇAISE

ILE DE FRANCE XII° SIÈCLE _ PL XVI

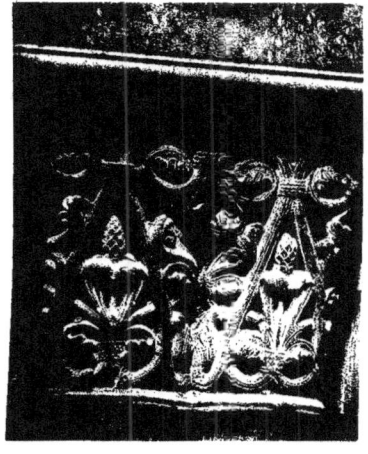
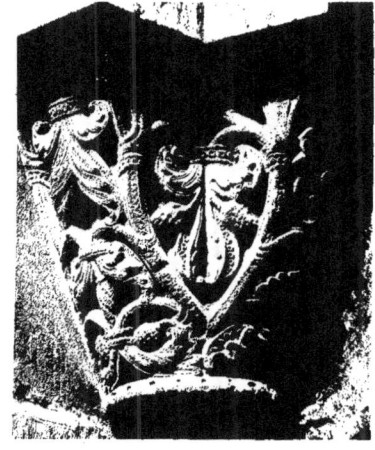
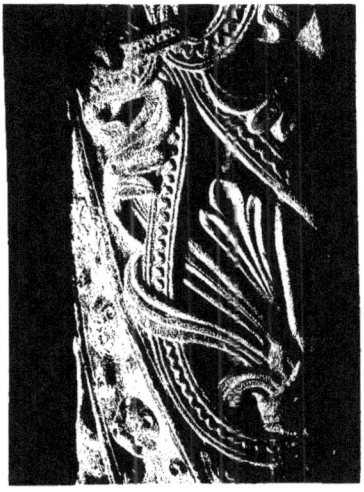
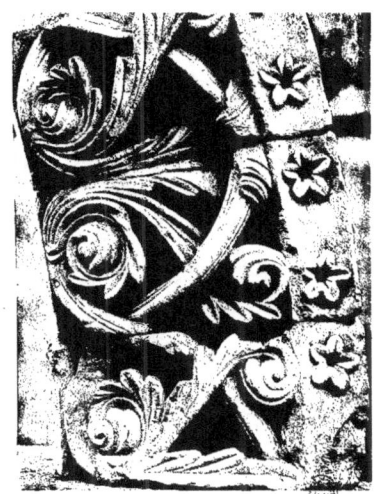

1 et 2 _ CHAPITEAUX
ABSIDE DE St MARTIN DES CHAMPS
CONSERVATOIRE DES ARTS ET METIERS, PARIS

3 _ FUT DE COLONNE
4 _ ARCHIVOLTE
PORTAIL, ABBAYE DE St DENIS

Vᵛᵉ A. MOREL & Cⁱᵉ Éditeurs MIEUSEMENT Phot

SCULPTURE FRANÇAISE

XIIe SIÈCLE_PL.XVI.

SAINTONGE

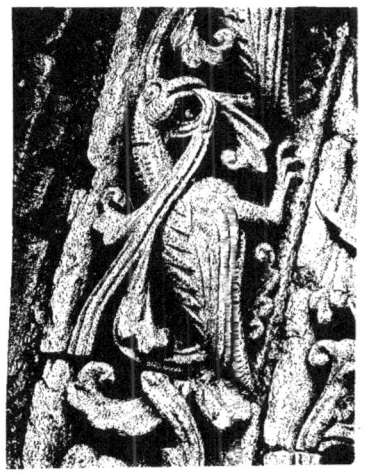
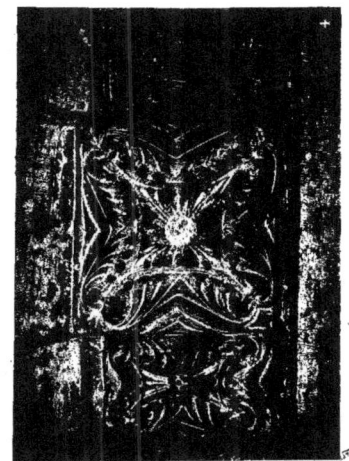
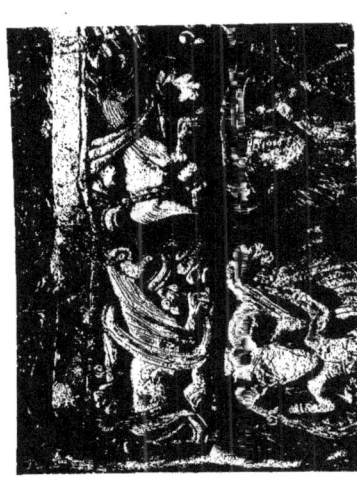
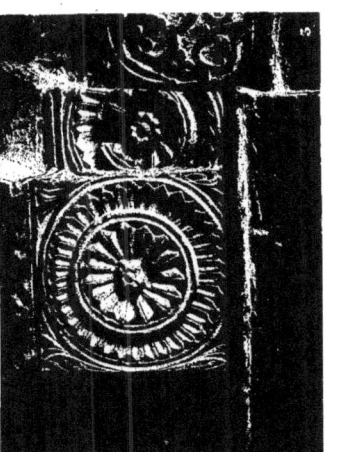

1_2_ TAILLOIR ET VOUSSURE.
ÉGLISE Sᵗᵉ MARIE-AUX-DAMES, A SAINTES
3_4_ CULOTS
COLLATÉRAL DE L'ÉGLISE Sᵗ EUTROPE, A SAINTES.

SCULPTURE FRANÇAISE

SAINTONGE — XIIe SIÈCLE — PL. XVIII

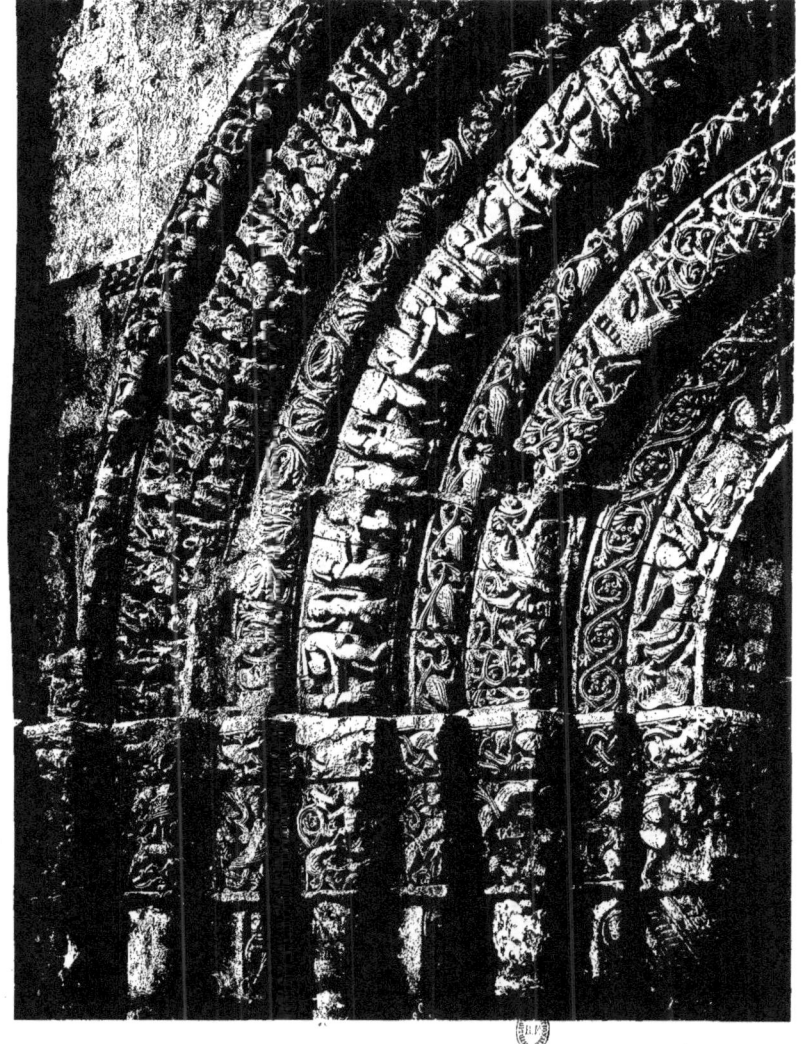

ARCHIVOLTE
PORTE DE Ste MARIE-AUX-DAMES, A SAINTES

SAINTONGE

XIIe SIÈCLE_PL.XIX

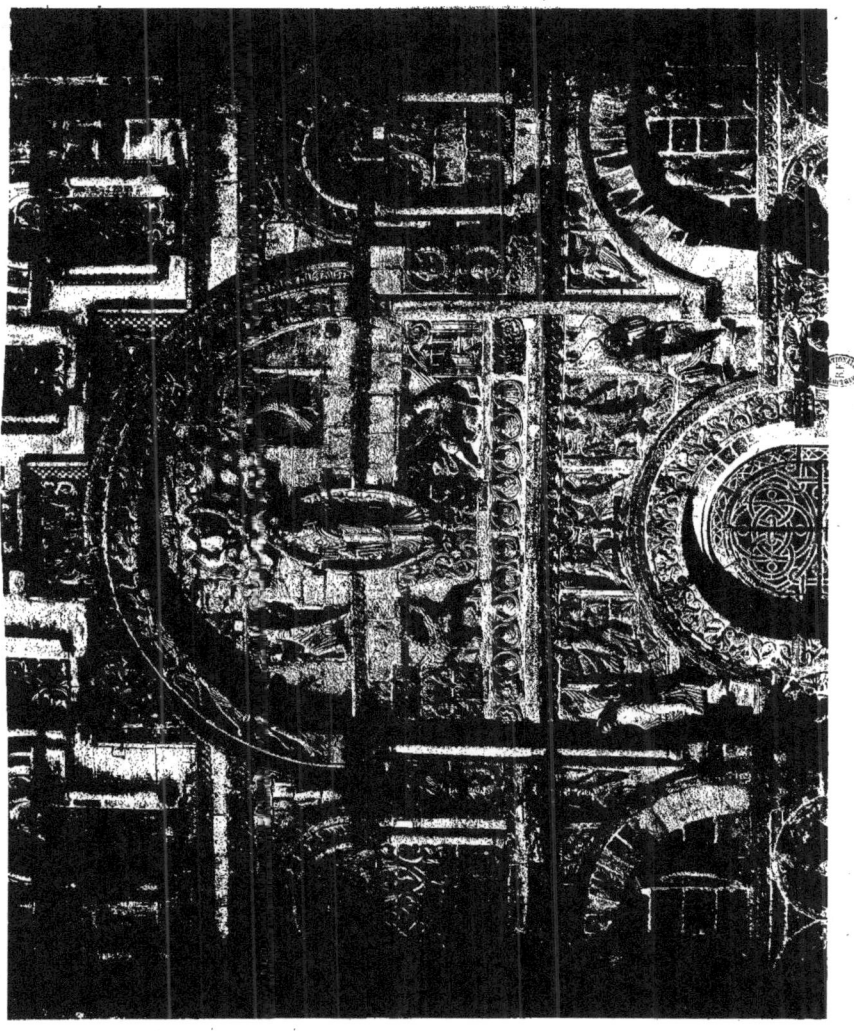

TYMPAN
FAÇADE PRINCIPALE, CATHÉDRALE D'ANGOULÊME.

SCULPTURE FRANÇAISE

SAINTONGE

XIIᵉ SIÈCLE, PL. XX

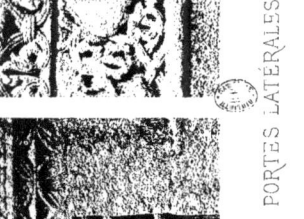

PORTES LATÉRALES

1 ÉGLISE DE VENIOUX — 2 ÉGLISE DE ST AMANT DE BOIXE

SCULPTURE FRANÇAISE

ÎLE-DE-FRANCE

XIIᵉ SIÈCLE, PL. XXI

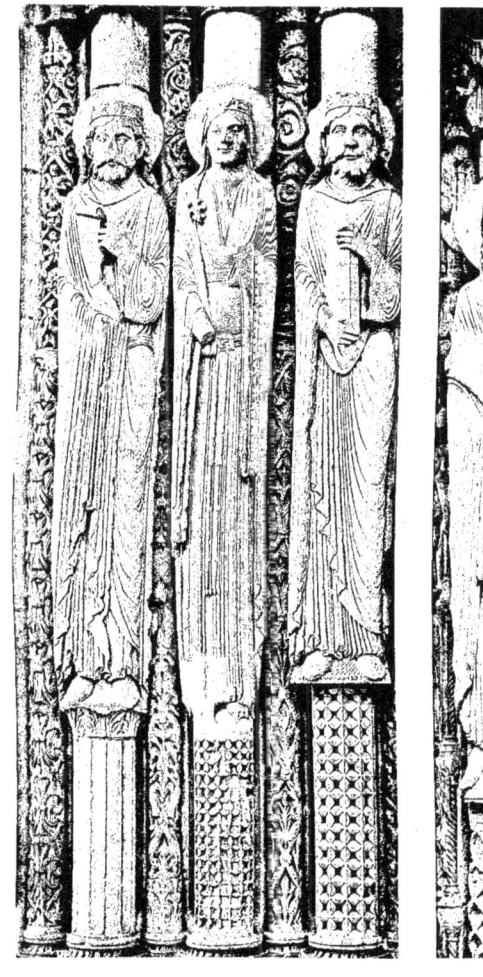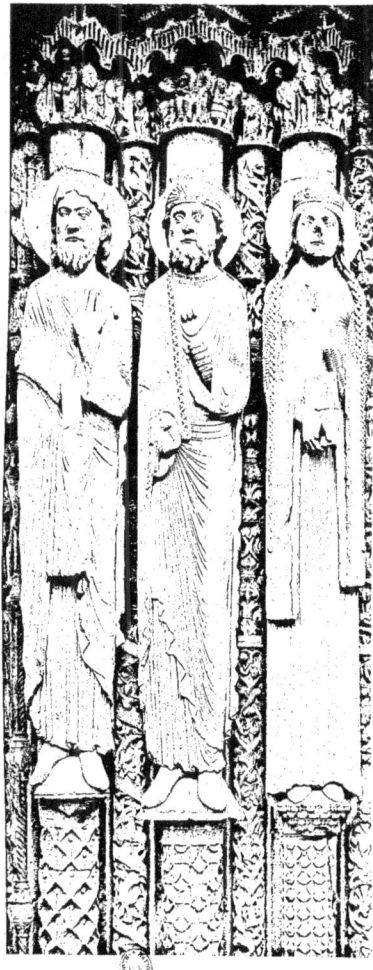

FIGURES
CATHÉDRALE DE CHARTRES, PORTAIL PRINCIPAL

Vᵛᵉ A. MOREL & Cⁱᵉ Éditeurs

MIEUSEMENT, Phot.

SCULPTURE FRANÇAISE

SAINTONGE & TOURAINE XIe & XIIe SIÈCLES. PL.XXII

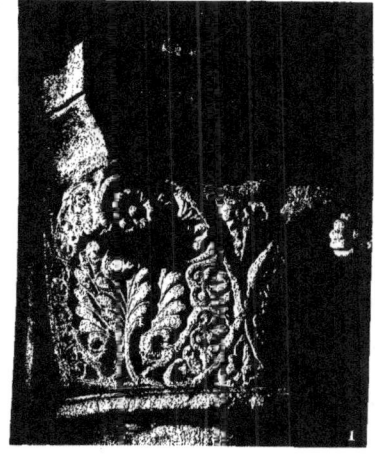
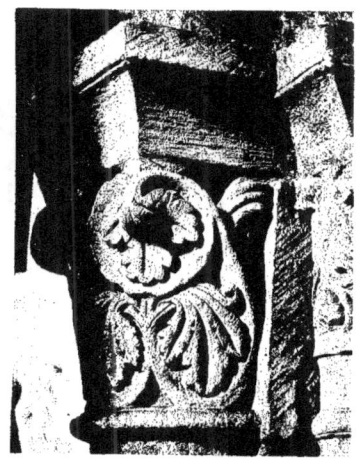
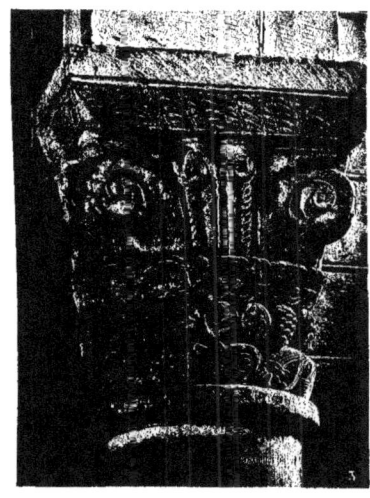
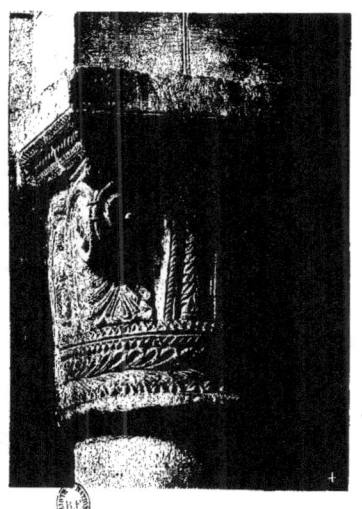

CHAPITEAUX.

1-2 - CRYPTE DE ST EUTROPE. 3-4 - NEF DE ST AIGNAN.

A SAINTES.

Vve A. MOREL & Cie Editeurs MIEUSEMENT Phot.

SCULPTURE FRANÇAISE

TOURAINE. XIIe SIÈCLE. PL. XXIII

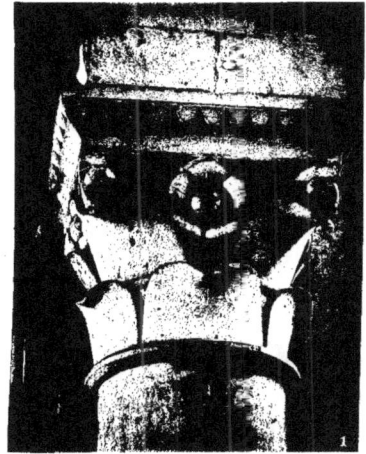
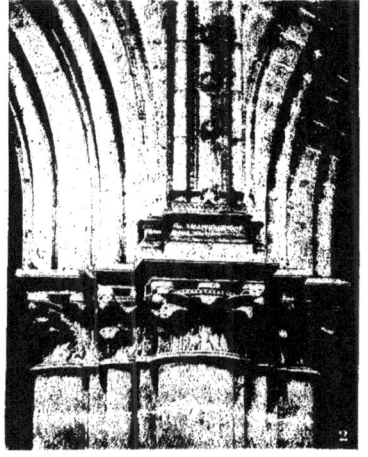
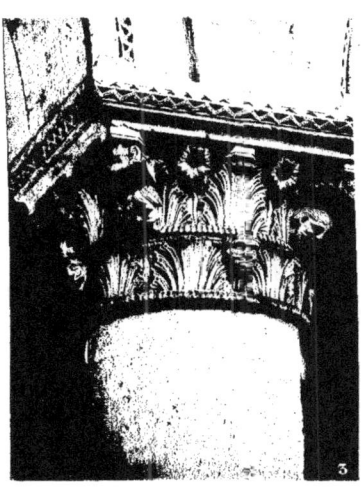
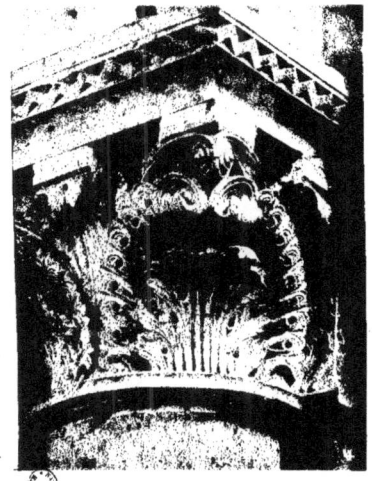

CHAPITEAUX

1-3. CATHÉDRALE DU MANS 2-4. ÉGLISE DE St LAUMER A BLOIS

Vve A. MOREL & Cie Éditeurs MIEUSEMENT, Phot.

SCULPTURE FRANÇAISE

TOURAINE   XIIe SIÈCLE PL. XXIV

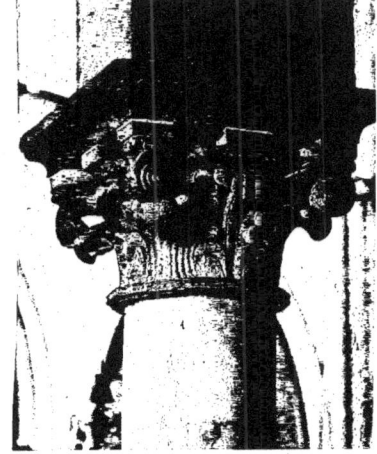
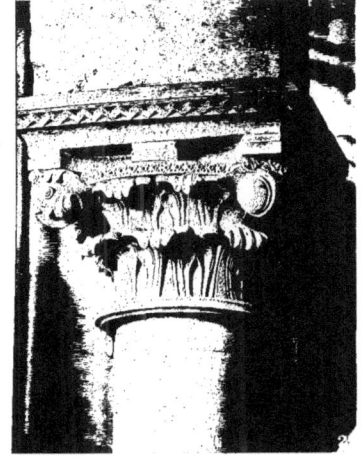
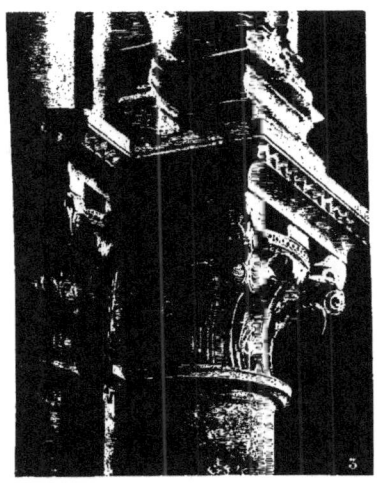
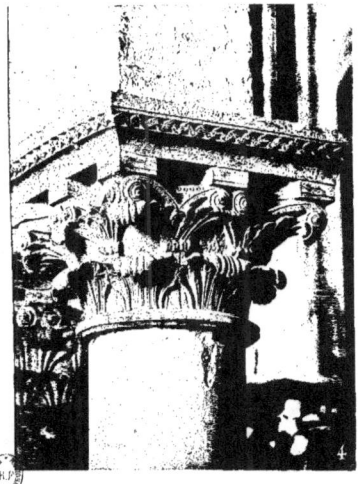

CHAPITEAUX

1·2·4 - CHŒUR   3 - TRANSEPT

EGLISE St LAUMER, A BLOIS

Vve A. MOREL & Cie, Editeurs   MIEUSEMENT, Phot.

SCULPTURE FRANÇAISE

BOURGOGNE   XII SIÈCLE PL. XXVII

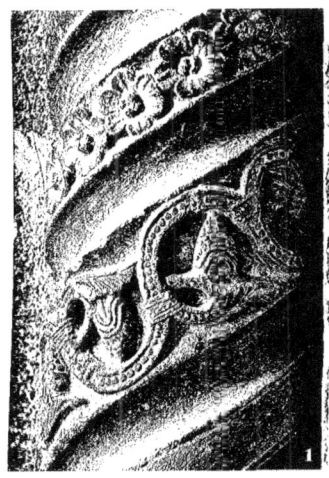
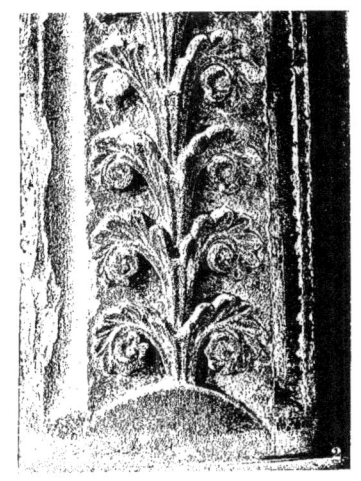
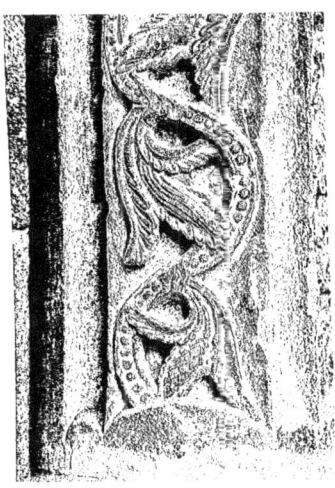
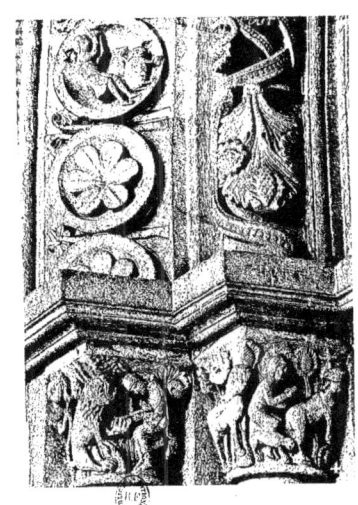

1, 2 et 3 — ORNEMENTS DE COLONNES & DE PIÉDROITS

4 — MOTIFS DE L'ARCHIVOLTE

PORTE PRINCIPALE SOUS LE PORCHE. — CATHÉDRALE D'AUTUN

SCULPTURE FRANÇAISE

BOURGOGNE XIIe SIÈCLE. PL. XXVIII

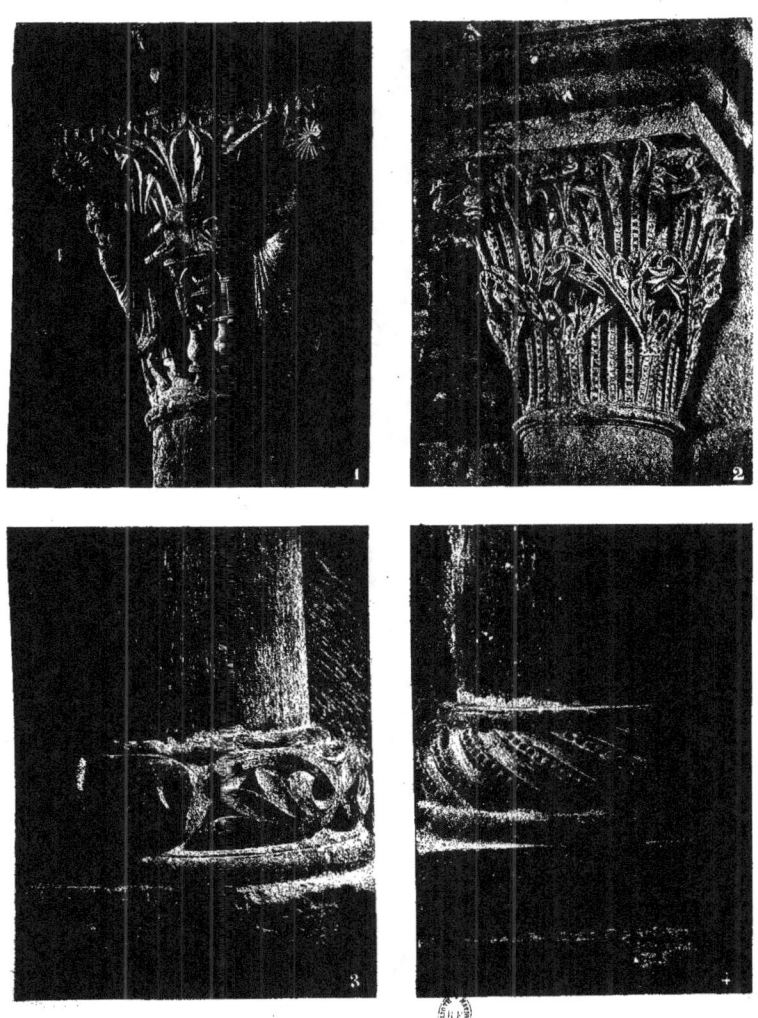

1 et 2 -- CHAPITEAUX DU NARTHEX 3 et 4 -- BASES DE COLONNES

ÉGLISE DE VÉZELAY

SCULPTURE FRANÇAISE

BOURGOGNE

XII SIÈCLE. PL. XXIX

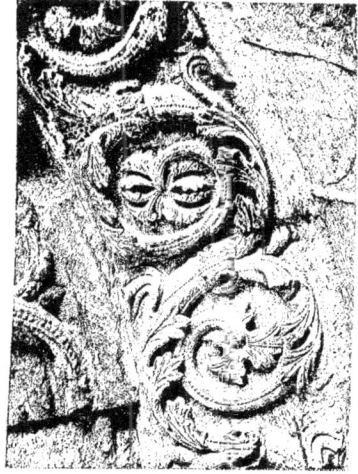
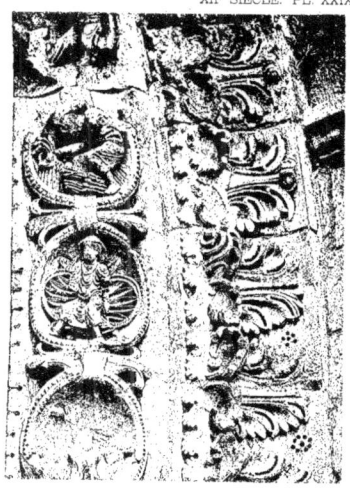
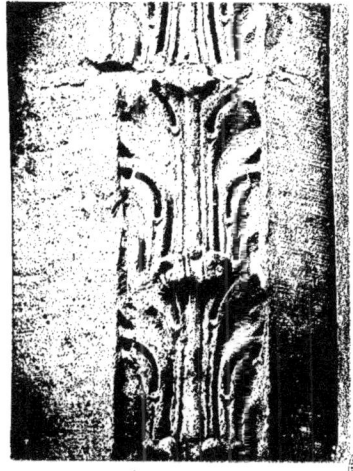

1 — ARCHIVOLTE
DIJON

2, 3 et 4 — MOTIFS DIVERS
PORTAIL DE L'ÉGLISE D'AVALLON

BOURGOGNE XIᵉ SIÈCLE Pl. XXX

SCULPTURE FRANÇAISE

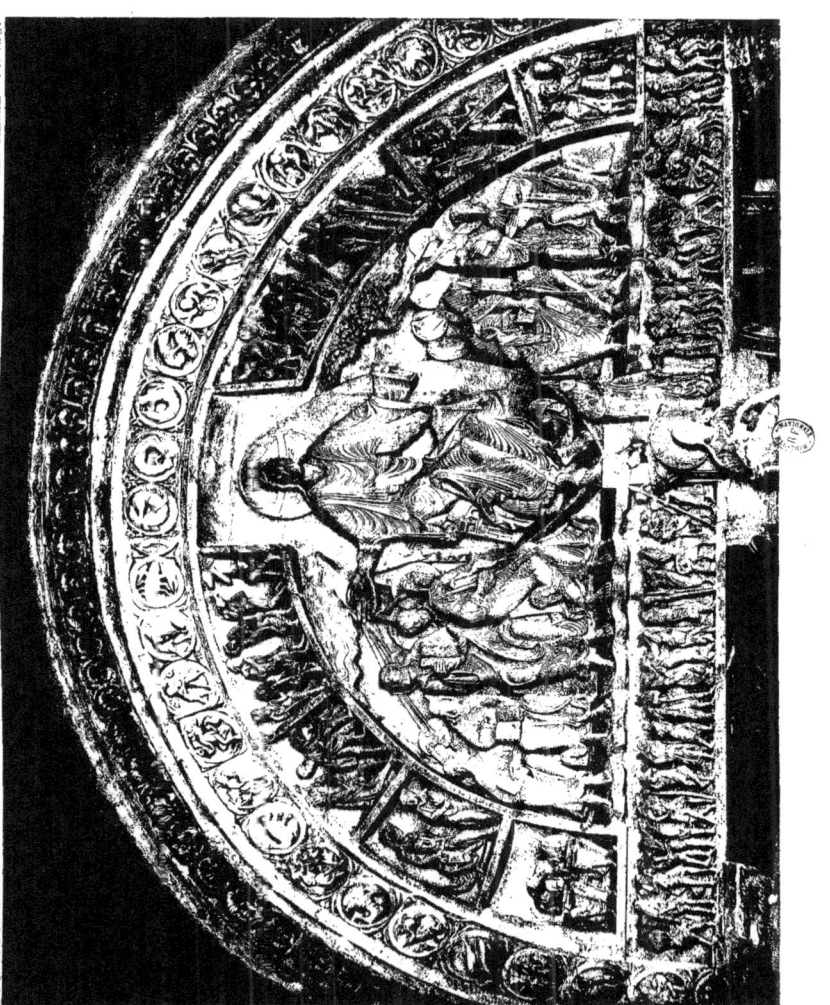

TYMPAN
PORTE PRINCIPALE ÉGLISE DE VEZELAY

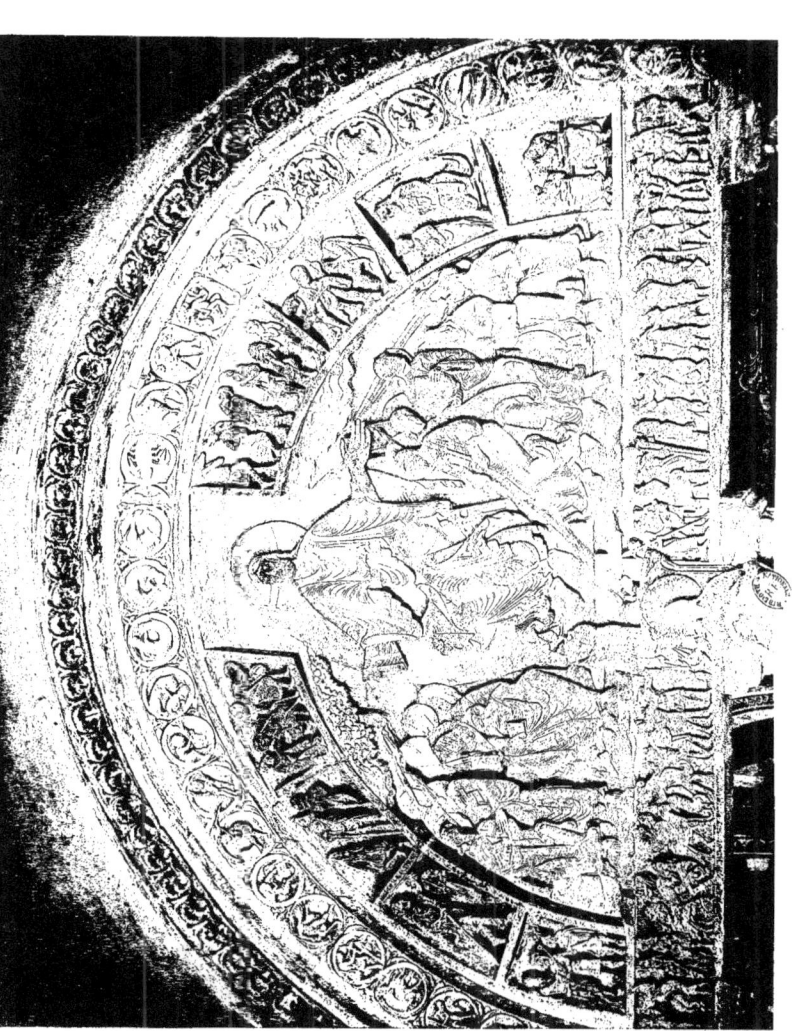

TYMPAN
PORTE PRINCIPALE, CATHÉDRALE D'AUTUN

SCULPTURE FRANÇAISE

BOURGOGNE — XIIe SIÈCLE PL. XXXI

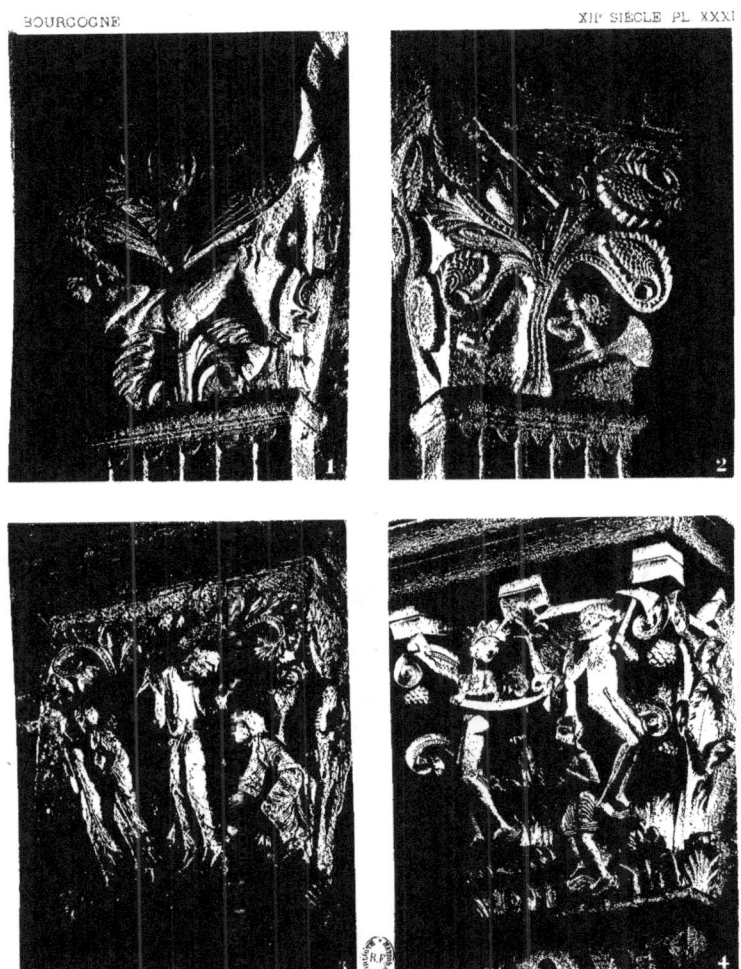

CHAPITEAUX DIVERS

DANS LA NEF DE LA CATHÉDRALE D'AUTUN

SCULPTURE FRANÇAISE

BOURGOGNE · XIIe SIÈCLE · PL. XXXII

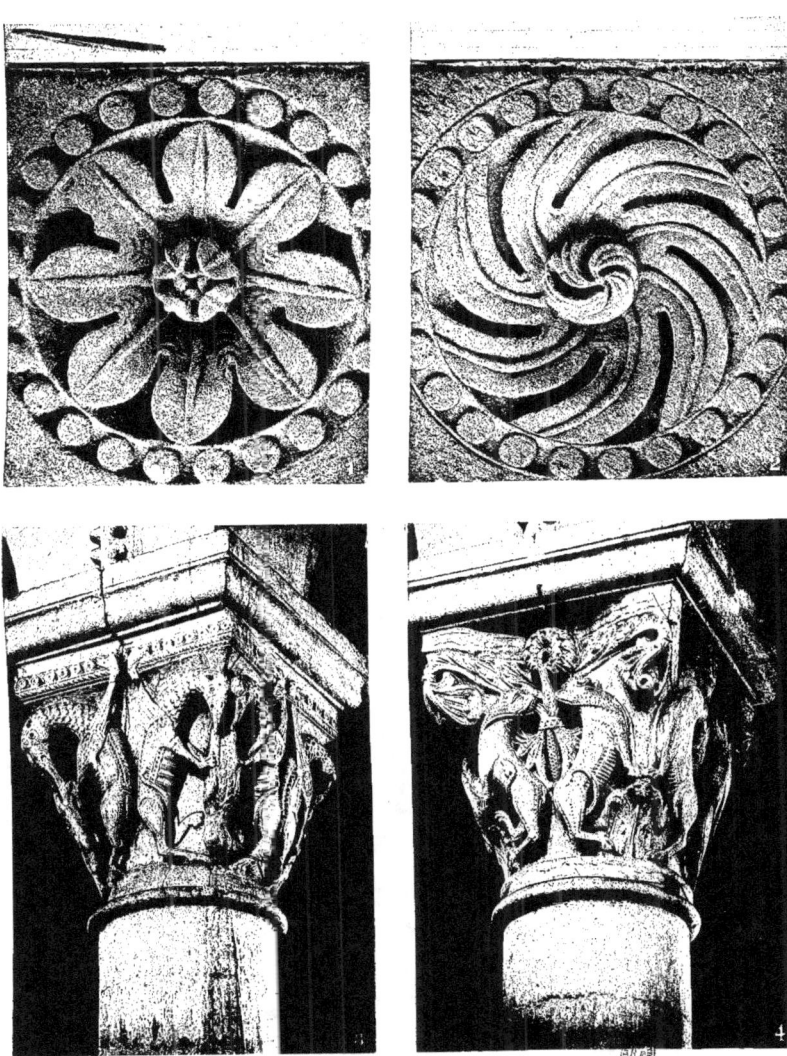

1,2 – ROSACES DU CLOCHER · 3,4 – CHAPITEAUX DU CHŒUR
ÉGLISE Ste CROIX, À LA CHARITÉ-SUR-LOIRE

SCULPTURE FRANÇAISE

ÉCOLE DE L'ILE-DE-FRANCE XIIe SIÈCLE PL. XXXIII

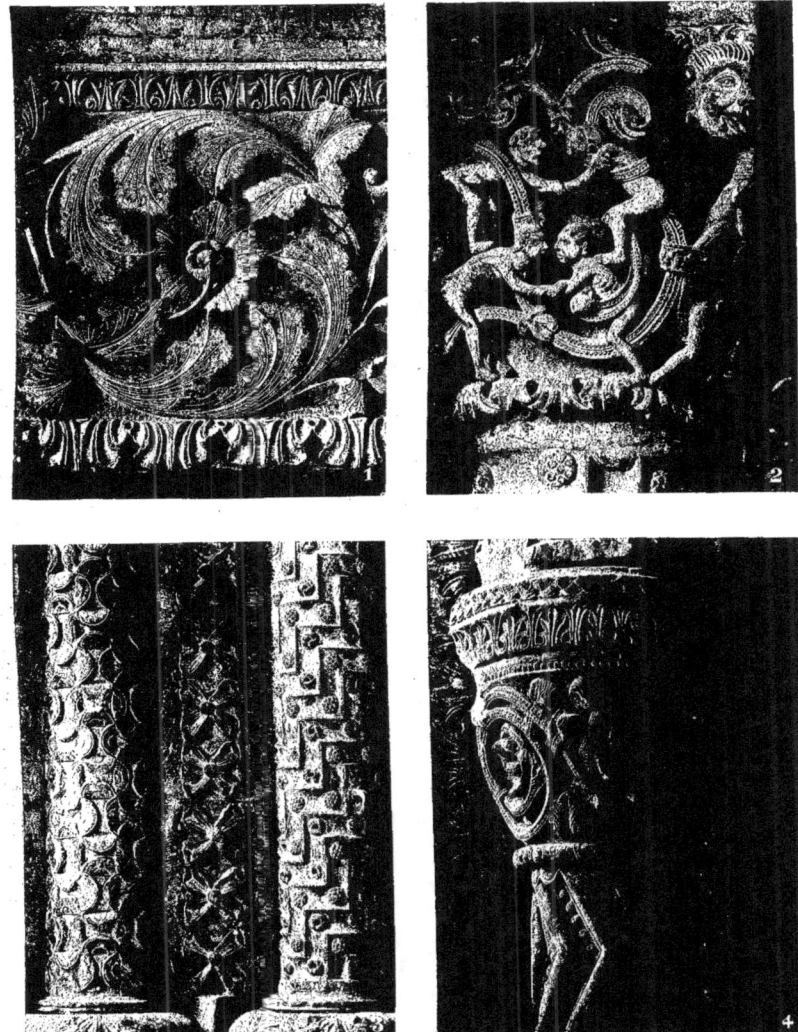

CHAPITEAUX, FRISE ET MOTIFS DIVERS
CATHÉDRALE DE BOURGES, PORTAIL NORD

SCULPTURE FRANÇAISE

LANGUEDOC

XII.e SIÈCLE - Pl. XXXIV

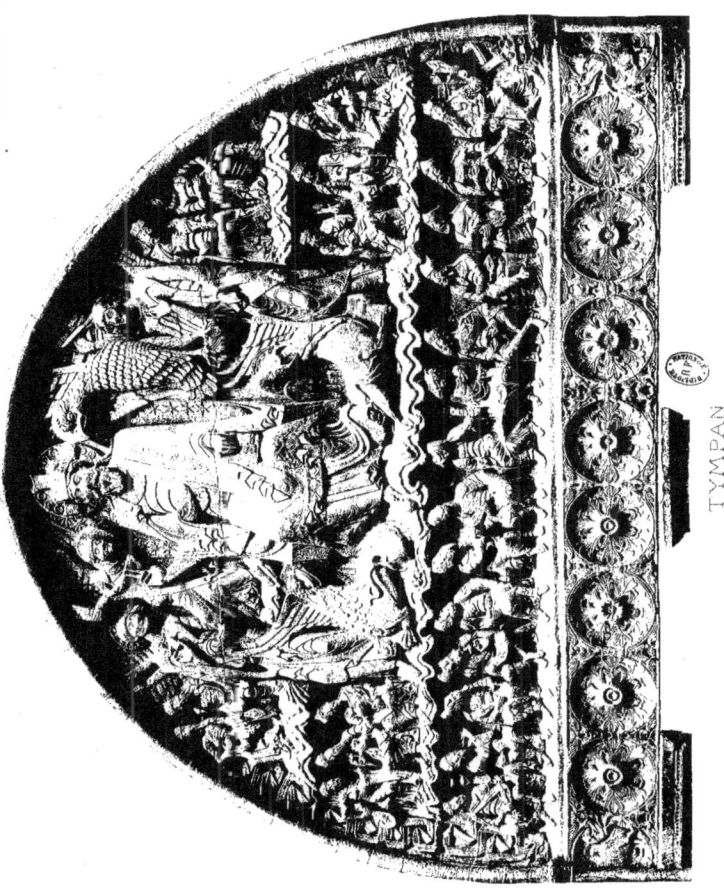

TYMPAN
PORTE PRINCIPALE - ÉGLISE DE MOISSAC

SCULPTURE FRANÇAISE

PROVENCE — XIIᵉ SIÈCLE - PL. XXXV

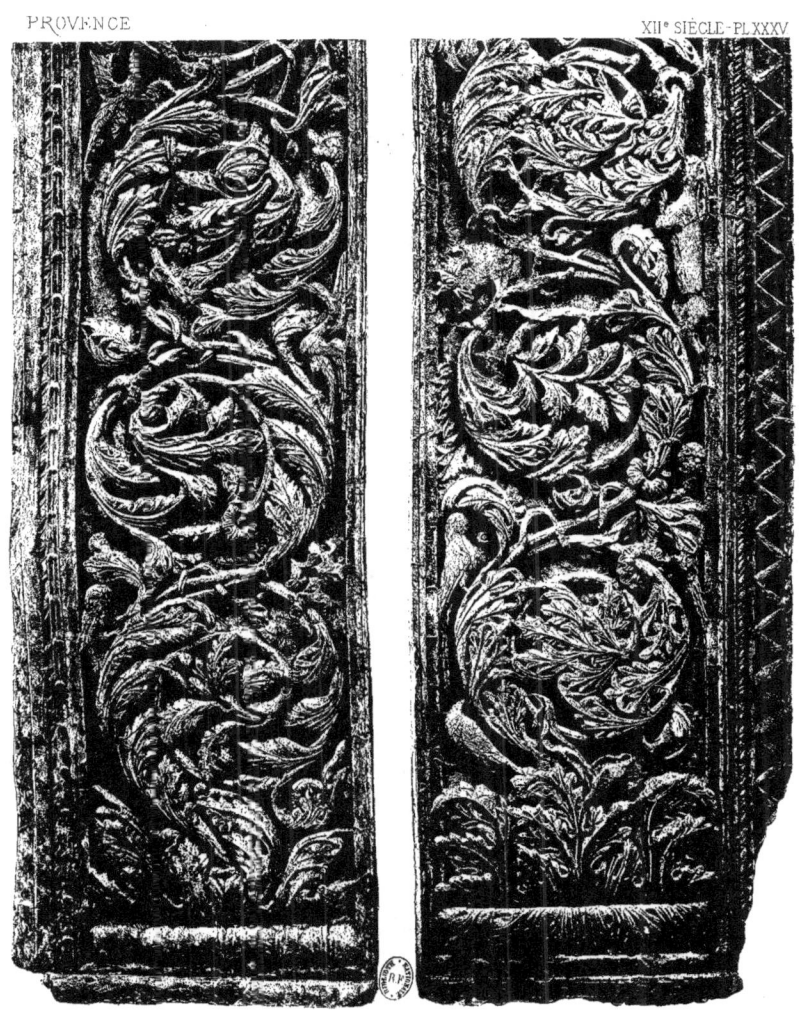

PILASTRES
FAÇADE - ÉGLISE Sᵗ GILLES

SCULPTURE FRANÇAISE

ILE DE FRANCE   XIIIᵉ SIÈCLE   PL. XXIII

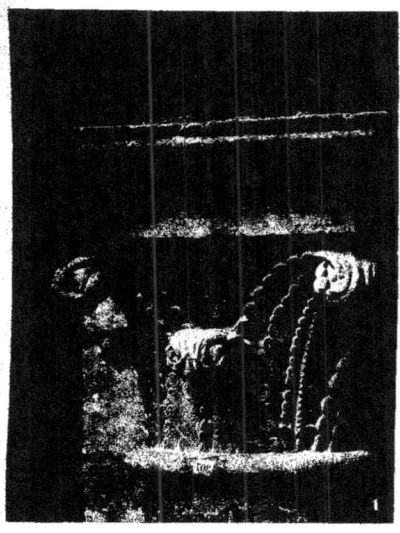
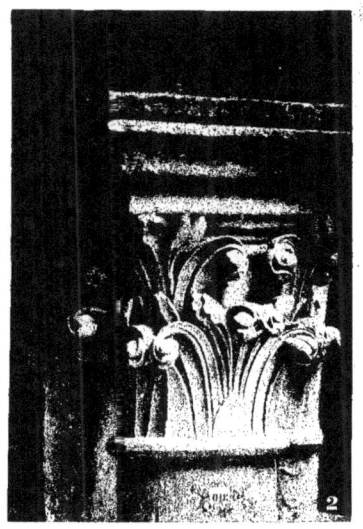
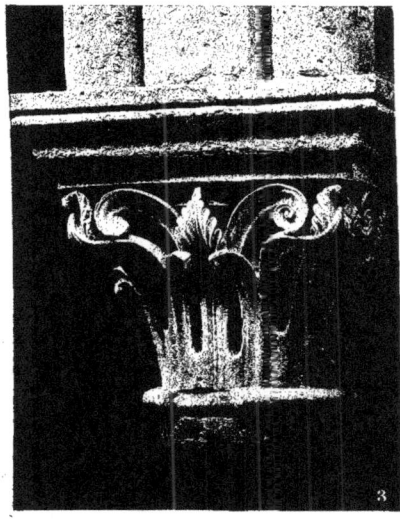
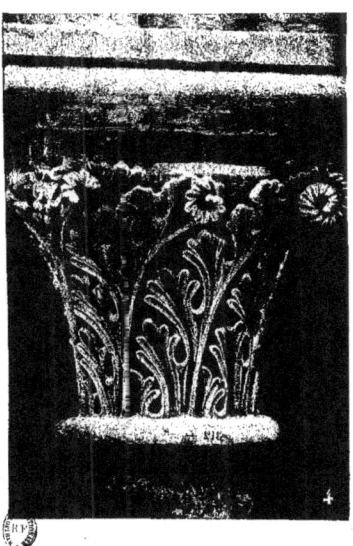

CHAPITEAUX
CATHÉDRALE DE LAON

SCULPTURE FRANÇAISE

XIIe SIÈCLE — PL. XXV

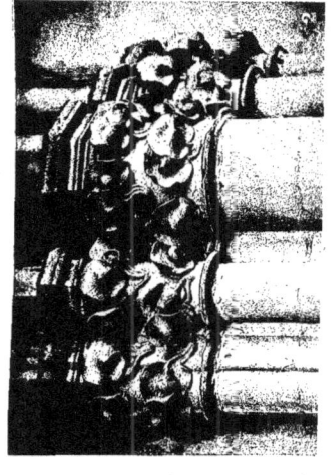
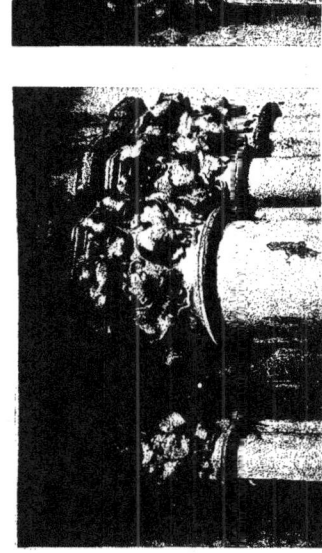
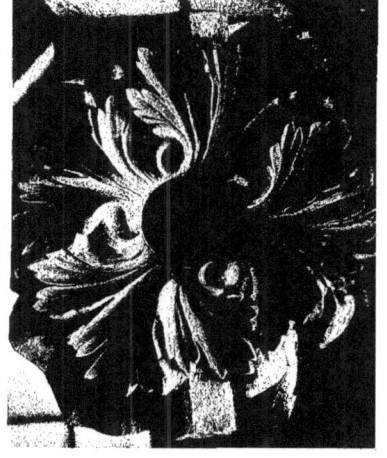
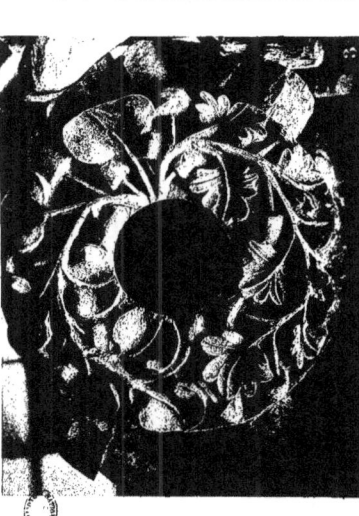

1, 2. CHAPITEAUX BAS-CÔTÉ DROIT   3, 4. CLEFS DE VOÛTE DE LA NEF

CATHÉDRALE DE NEVERS

SCULPTURE FRANÇAISE

XIIIᵉ SIÈCLE   PL. XXV

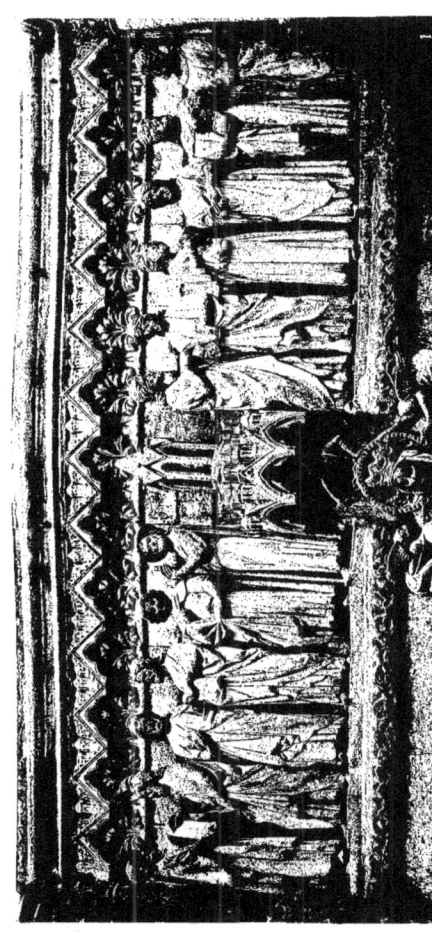
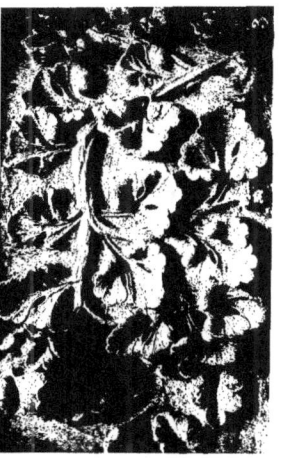
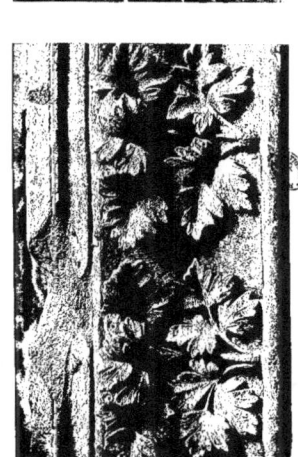

1. LINTEAU DE LA PORTE SUD, CATHÉDRALE D'AMIENS
2. FRISE, CATHÉDRALE DE NOYON
3. FRISE, CATHÉDRALE DE REIMS

SCULPTURE FRANÇAISE

CHAMPAGNE XIIIe SIÈCLE. PL. XXVI

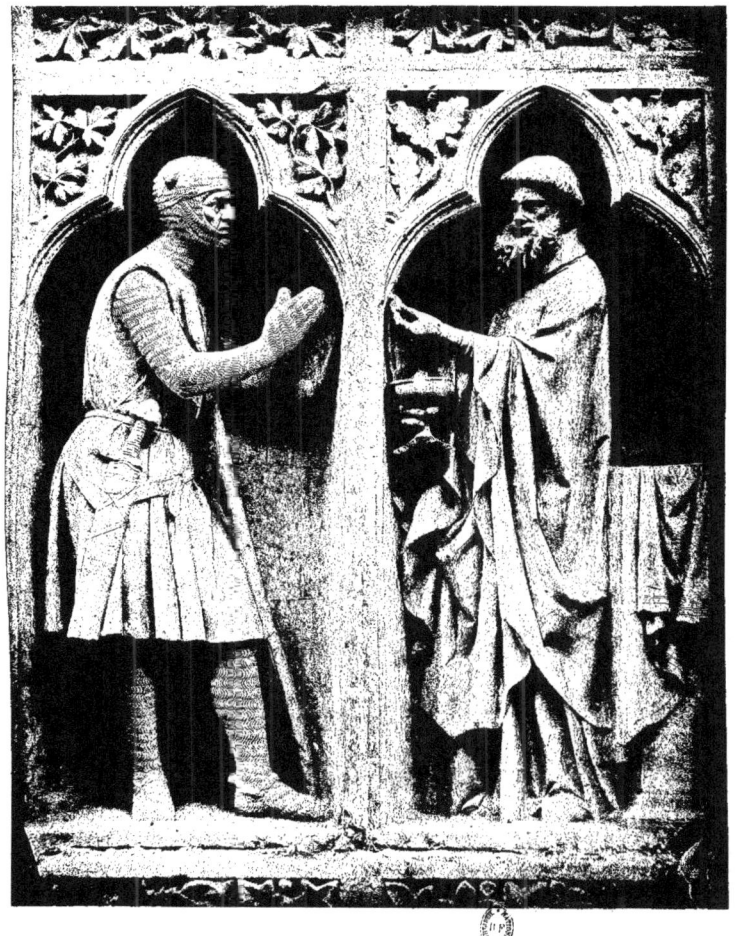

FIGURES
CATHÉDRALE DE REIMS, FACE INTÉRIEURE DU PORTAIL

Vᵉ A. MOREL & Cⁱᵉ, Éditeurs MIEUSEMENT, Phot.

SCULPTURE FRANÇAISE

ILE-DE-FRANCE XIIe ET XIIIe SIÈCLES PL. XXVII

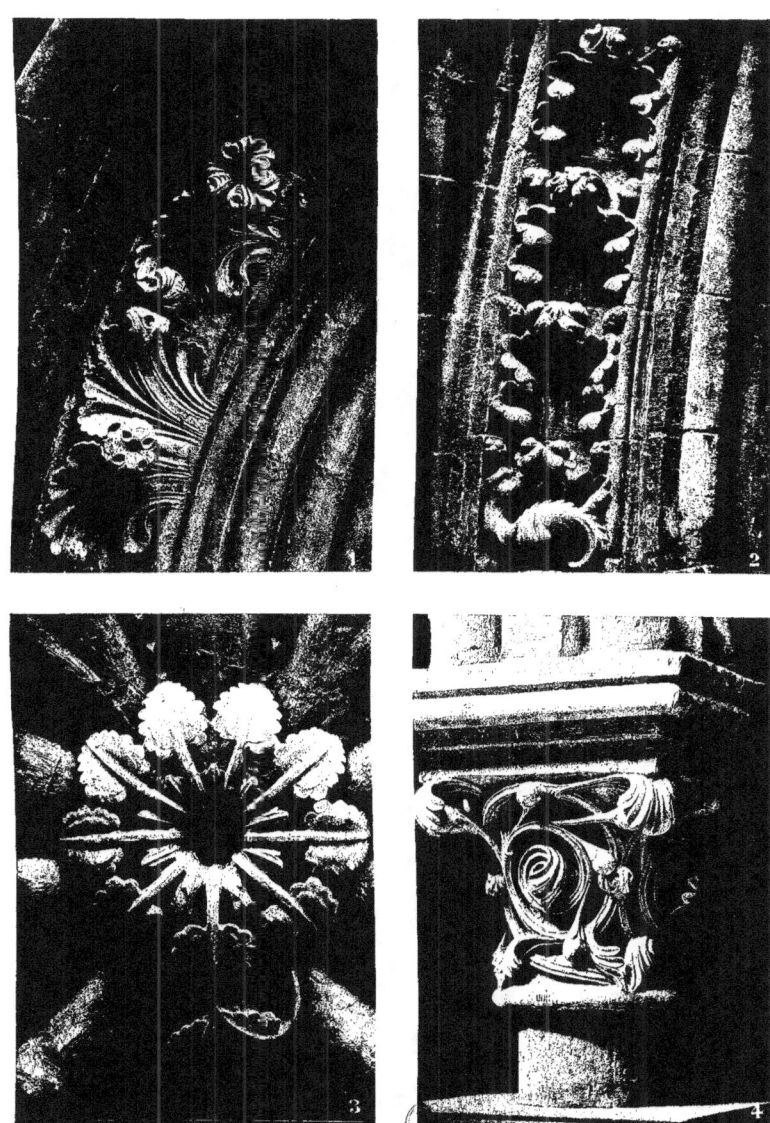

1,2_ ARCHIVOLTES_ 3; CLEF DE VOÛTE_ 4, CHAPITEAU
CATHÉDRALE DE LAON

SCULPTURE FRANÇAISE

BOURGOGNE ET
ÉCOLE DE L'ILE-DE-FRANCE

XIIIe SIÈCLE PL. XXVIII

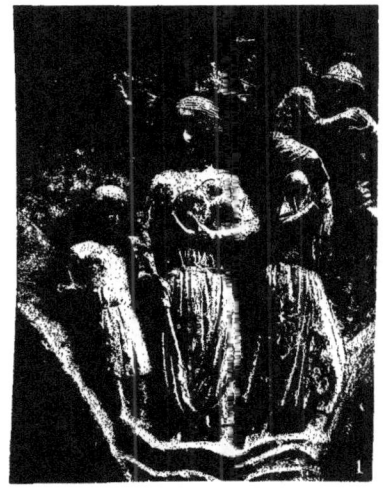
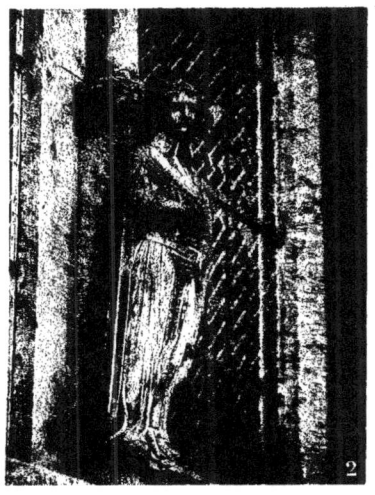
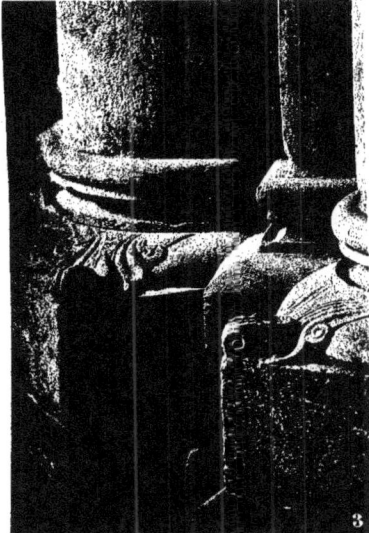
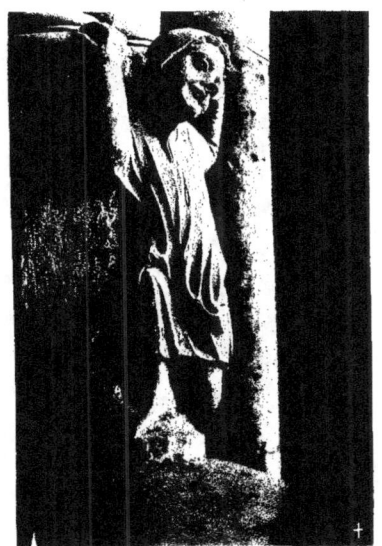

1. FIGURES, PORTAIL CENTRAL
3. GRIFFES, COLONNES DE LA CRYPTE
(CATHÉDRALE DE BOURGES)

2 & 4. FIGURES À LA BASE DES COLONNES
TRIFORIUM, FACE EXTÉRIEURE
(CATHÉDRALE DE NEVERS)

Vᵉ A. MOREL & Cⁱᵉ, Éditeurs.

MIEUSEMENT, Phot.

SCULPTURE FRANÇAISE

CHAMPAGNE XIIIᵉ SIÈCLE PL. XXIX

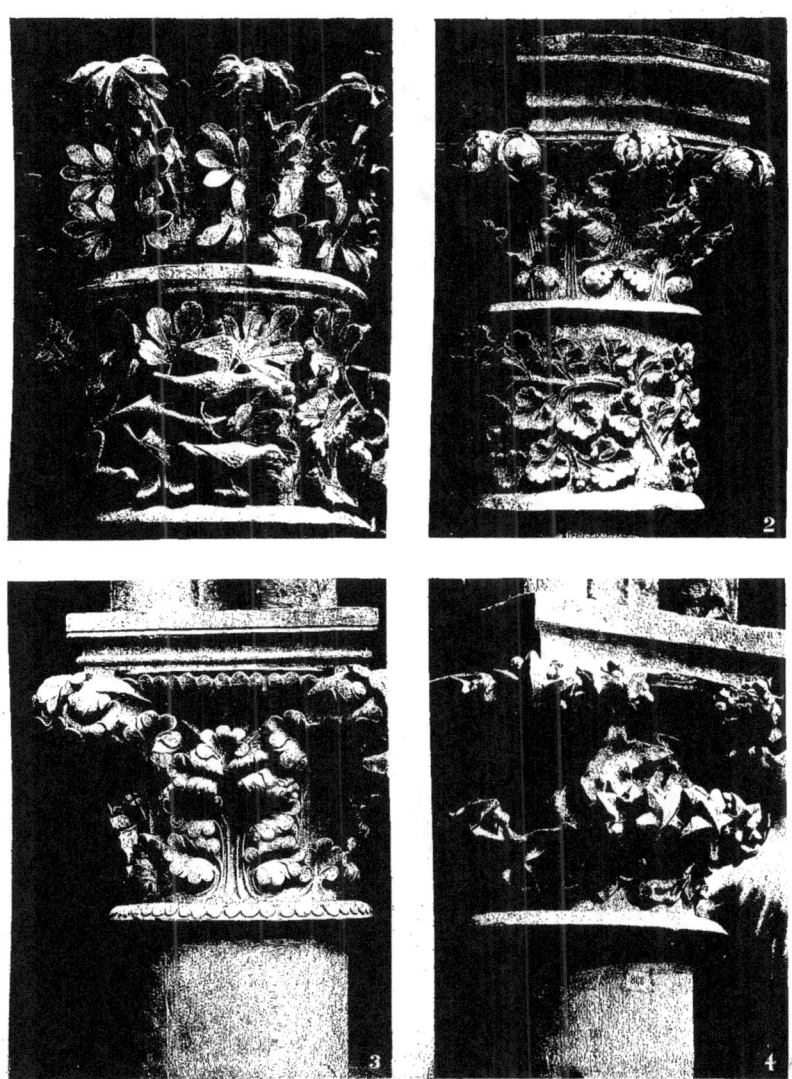

CHAPITEAUX
CATHÉDRALE DE REIMS

SCULPTURE FRANÇAISE

CHAMPAGNE

XIIIe SIÈCLE PL. XXX

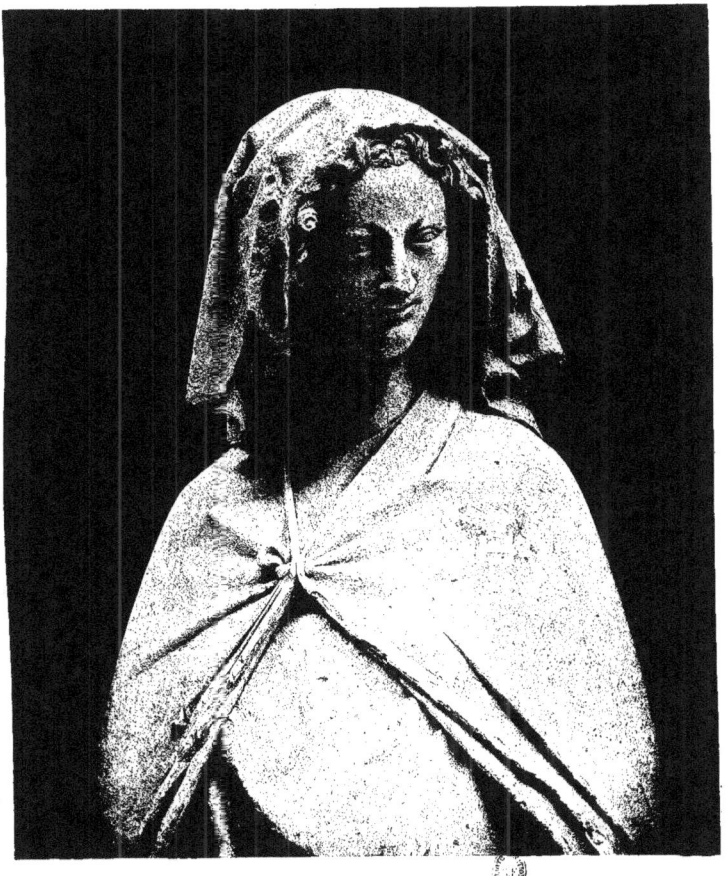

TÊTE DE STATUE
CATHÉDRALE DE REIMS, PORTAIL CENTRAL

SCULPTURE FRANÇAISE

CHAMPAGNE XIIIe SIÈCLE PL. XXXI

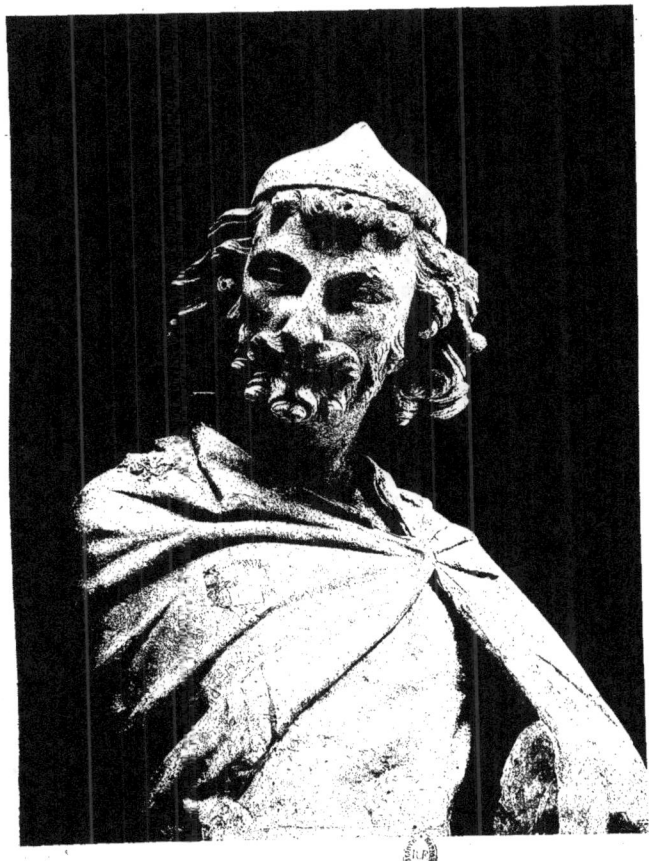

TÊTE DE STATUE
CATHÉDRALE DE REIMS, PORTAIL CENTRAL

Ve A. MOREL & Cie Éditeurs   MIEUSEMENT, Phot.

SCULPTURE FRANÇAISE

BOURGOGNE — FIN XIIIᵉ SIÈCLE — PL. XXXII

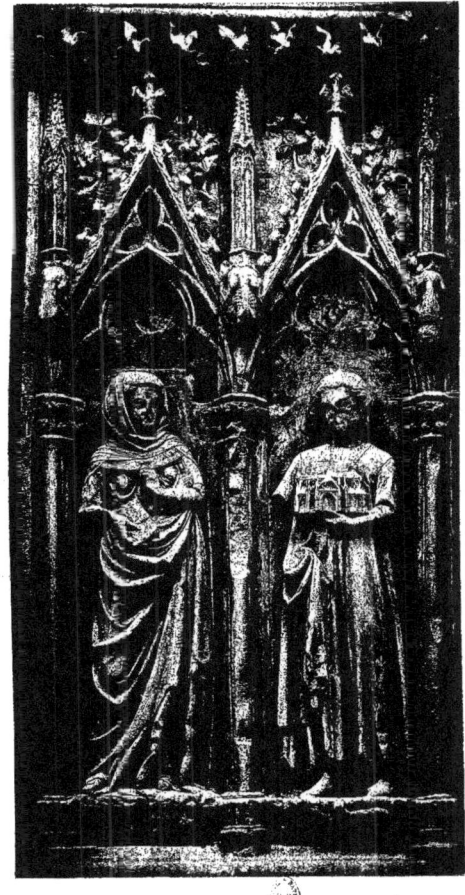

FIGURES DU PORCHE
ÉGLISE DE St PÈRE-SOUS-VÉZELAY

Vᵉ A. MOREL & Cⁱᵉ, Éditeurs.   MIEUSEMENT, Phot.

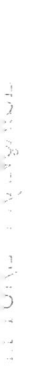

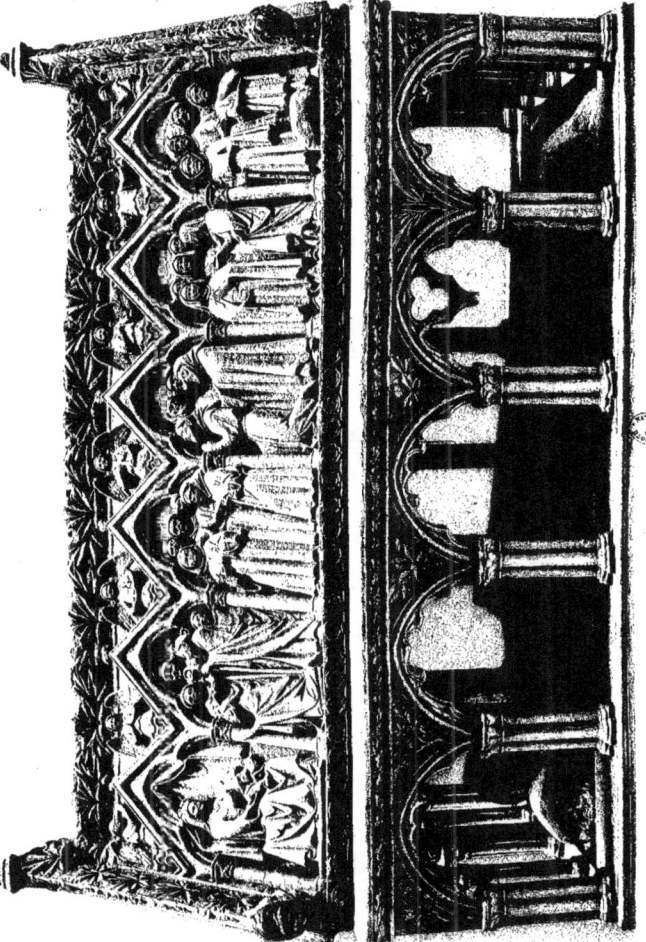

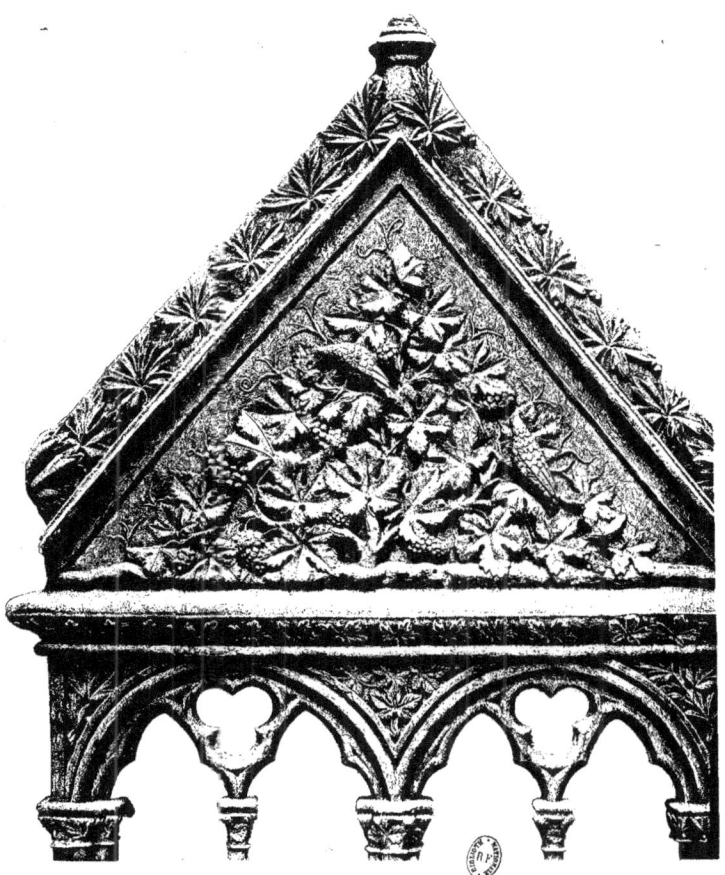

TOMBEAU DE St ÉTIENNE
DÉTAIL D'UN DES GABLES
ÉGLISE D'AUBAZINE

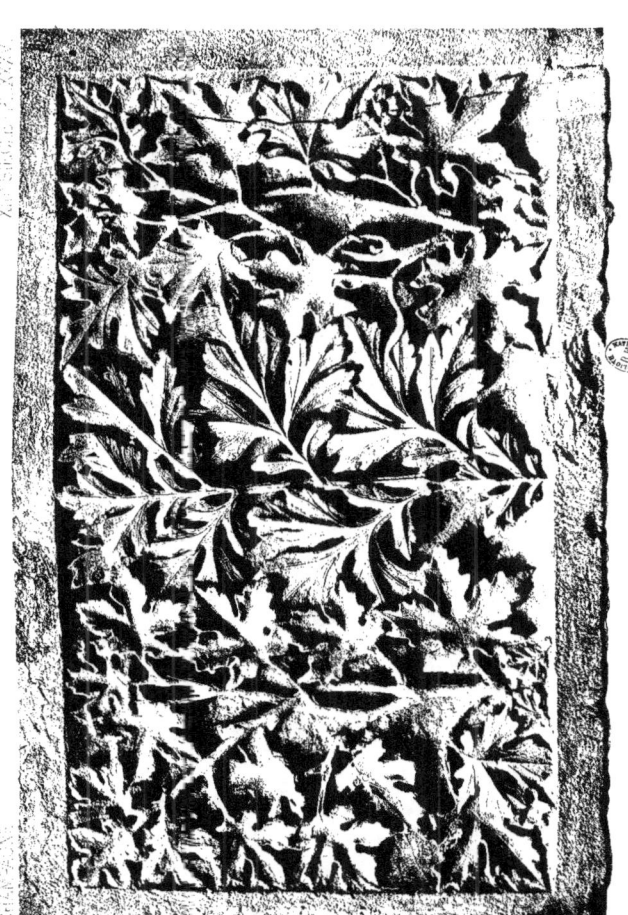

SCULPTURE FRANÇAISE

ILE-DE-FRANCE

XIIIᵉ SIÈCLE - PL. XXXVII

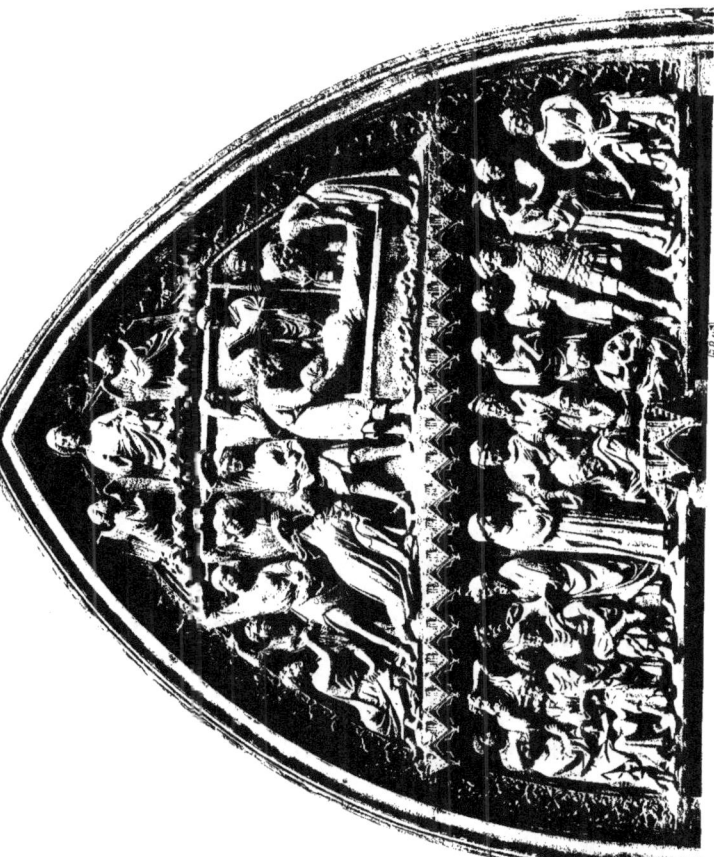

TYMPAN

PORTE DU TRANSEPT SUD - CATHÉDRALE DE PARIS

SCULPTURE FRANÇAISE

ILE DE FRANCE. XIII.e SIÈCLE. Pl XXXVIII

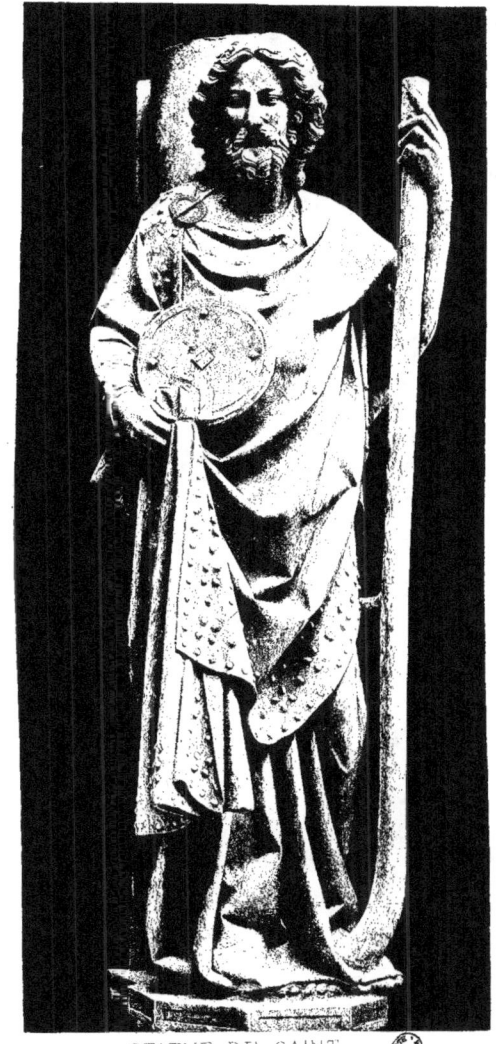

STATUE DE SAINT
S.te CHAPELLE DU PALAIS, PARIS

SCULPTURE FRANÇAISE

ILE-DE-FRANCE XIII.e SIÈCLE PL.XXXIX

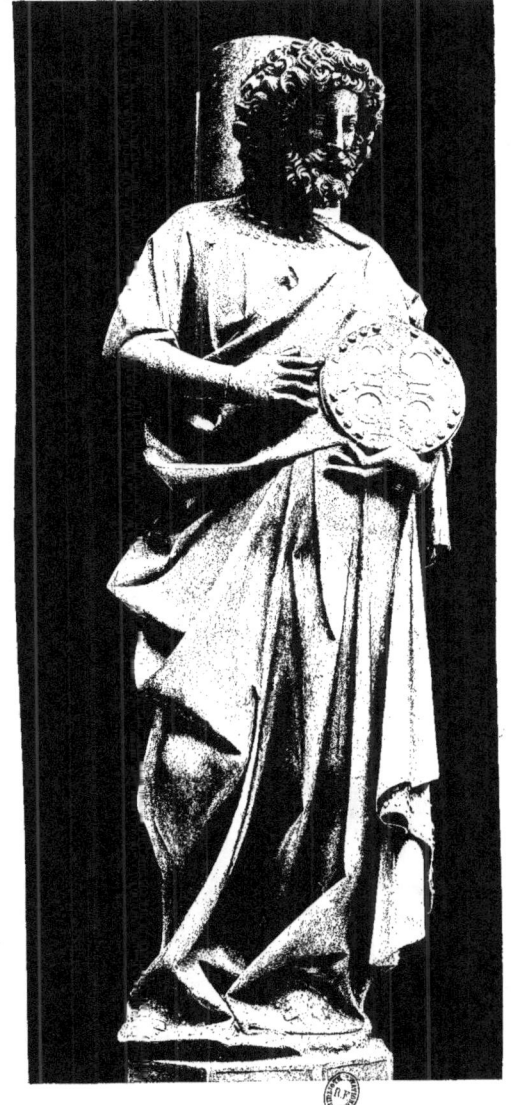

STATUE DE SAINT
Ste CHAPELLE DU PALAIS, PARIS.

SCULPTURE FRANÇAISE

XIVe SIÈCLE PL.

PROVENCE

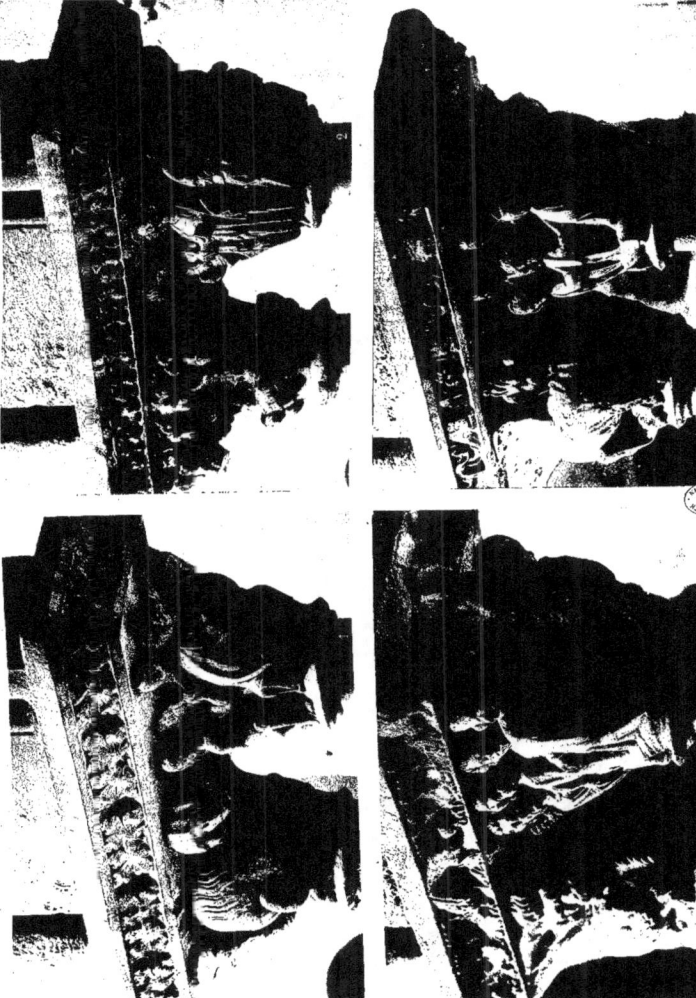

CHAPITEAUX

CLOÎTRE DE SAINT TROPHIME D'ARLES

Vve A. MOREL & Cie Éditeurs.

MIEUSEMENT Phot.

SCULPTURE FRANÇAISE

PICARDIE

XVᵉ SIÈCLE PL. II

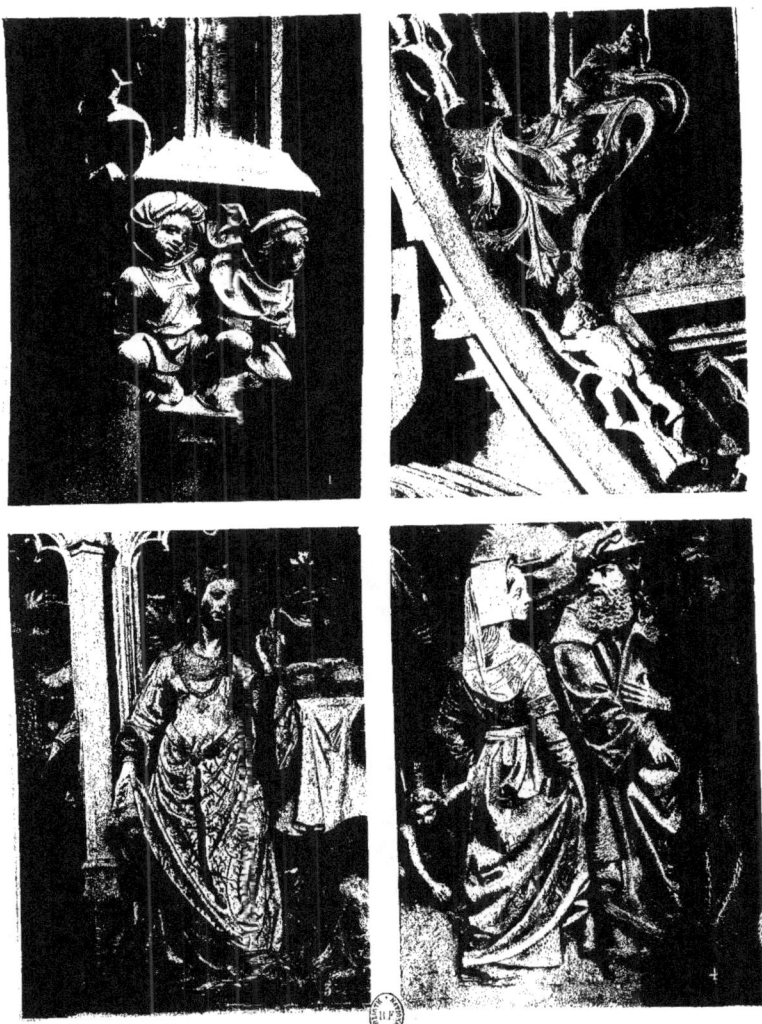

1. — CULOT
STALLES DU CHŒUR, CATHÉDRALE D'AMIENS

2. — CROCHET DE RAMPANT — 3. 4. — FIGURES PEINTES ET DORÉES
ARCATURE DU CHŒUR, CATHÉDRALE D'AMIENS

Vᵉ A. MOREL & Cᵉ Éditeurs

MIEUSEMENT Phot.

SCULPTURE FRANÇAISE

XV.e SIÈCLE — Pl. II

PICARDIE.

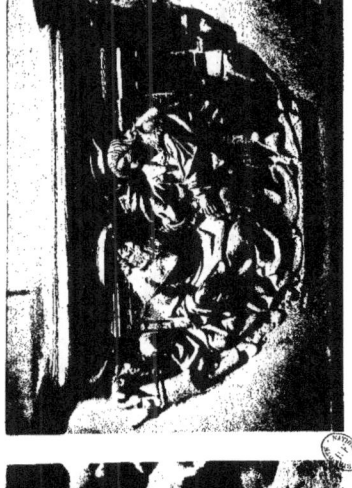
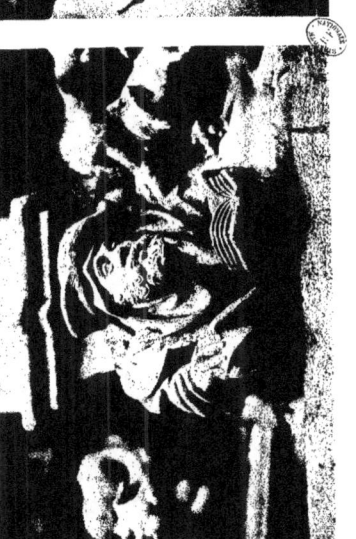

1.-2. FRISES — 4. MISÉRICORDE — 3. CULOT
(Stalles du Chœur) (Transept)
CATHÉDRALE D'AMIENS

V.te A. MOREL & C.ie Éditeurs

MIEUSEMENT Phot

SCULPTURE FRANÇAISE

NORMANDIE. XIV.ᵉ SIÈCLE. Pl. IV.

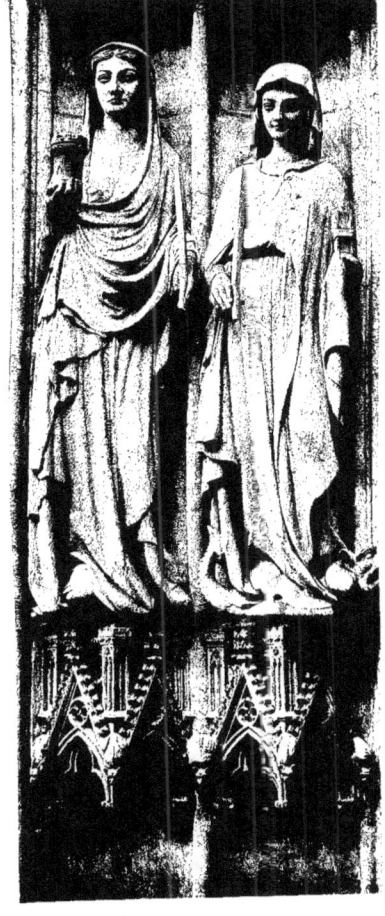
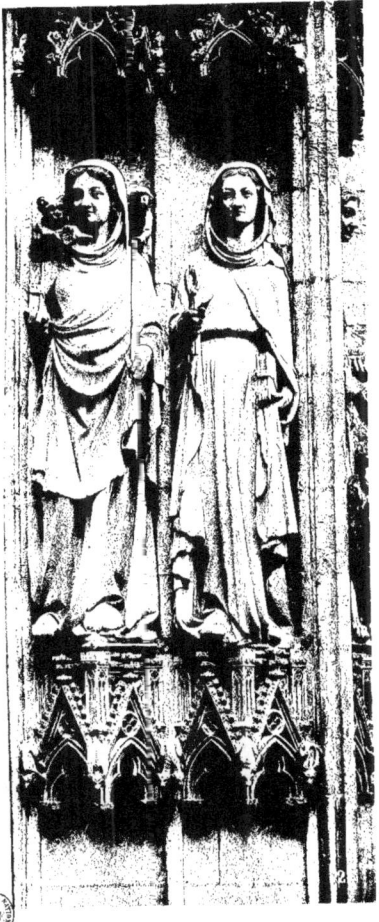

STATUES
PORTAIL DES LIBRAIRES — CATHÉDRALE DE ROUEN

SCULPTURE FRANÇAISE

NORMANDIE   XIVᵉ SIÈCLE PL. V

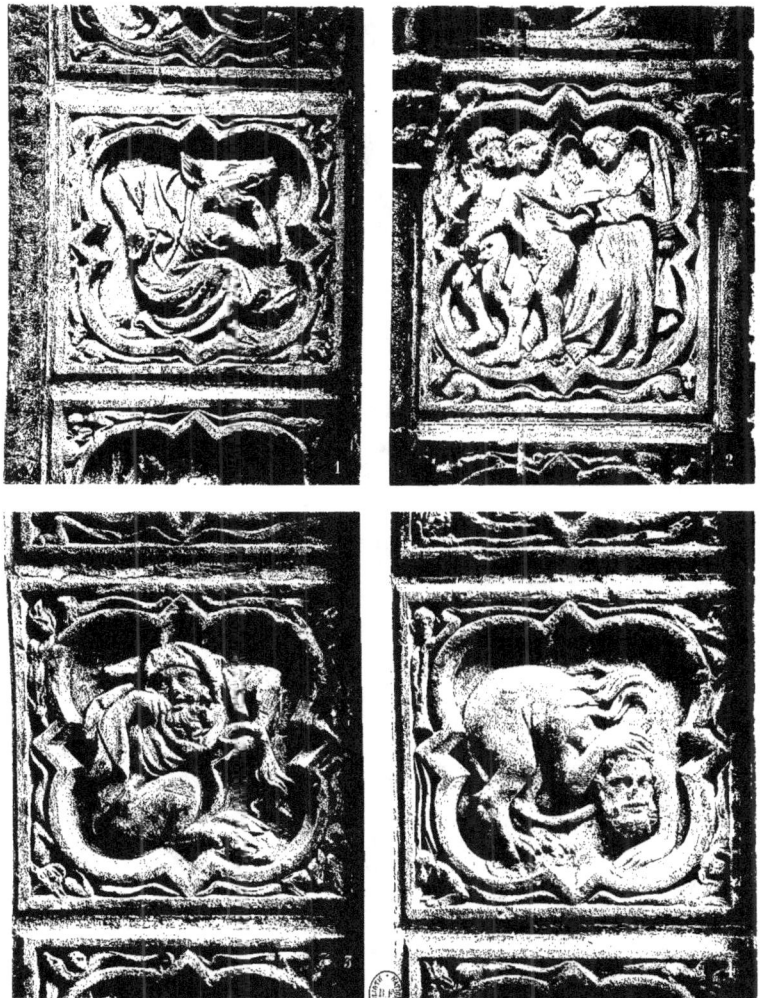

SOUBASSEMENT
PORTAIL DES LIBRAIRES, CATHÉDRALE DE ROUEN

SCULPTURE FRANÇAISE

NORMANDIE XIVᵉ et XVᵉ SIÈCLES _ PL VI

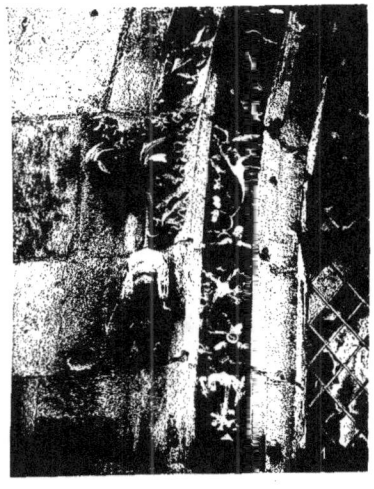
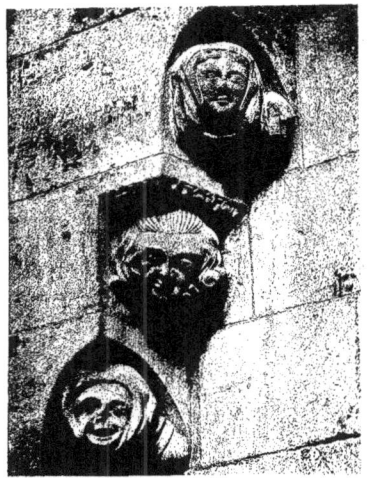
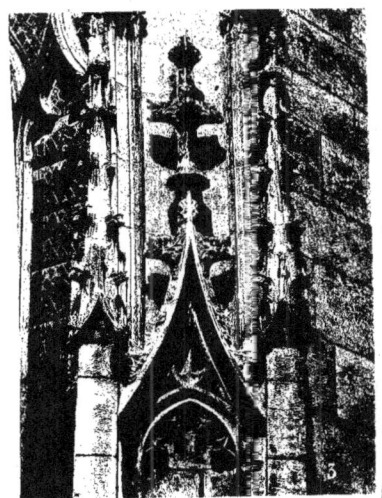
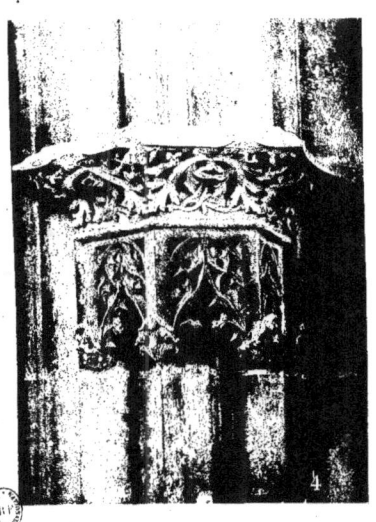

1. ARCHIVOLTE _ 2. CORBEAUX
ÉGLISE St JACQUES A CAEN

3. PINACLE (Face latérale) _ 4. CULOT (Piliers de la nef)
ÉGLISE St OUEN A ROUEN

MIEUSEMENT Phot.

SCULPTURE FRANÇAISE

LANGUEDOC XIVᵉ SIÈCLE – PL. VII

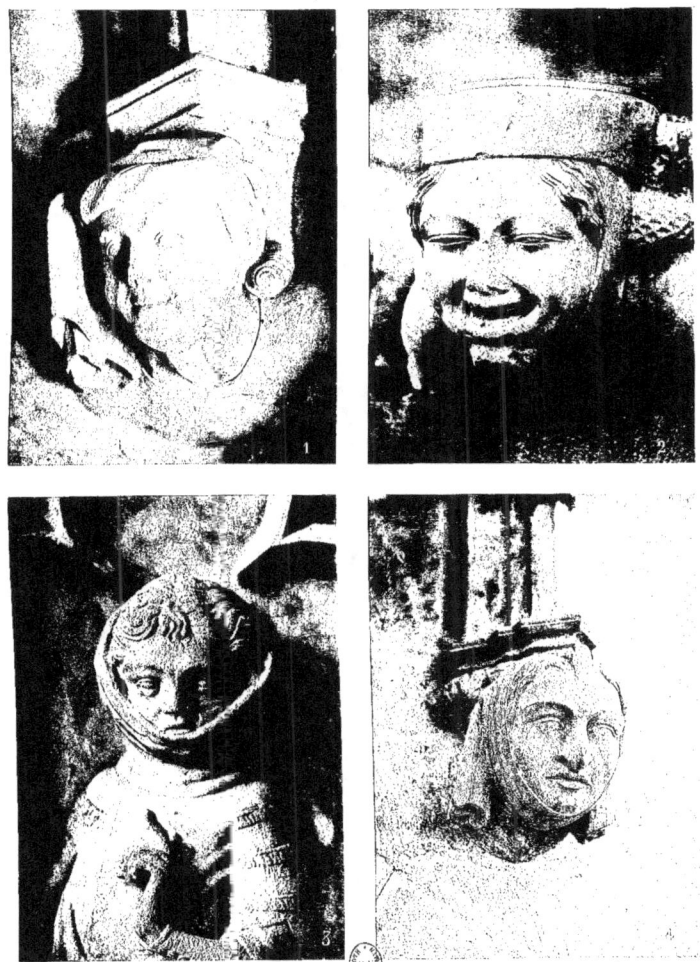

1 & 4. CULOTS D'ARCATURE – 2. CORBEAU (Corniche de l'Abside)
ÉGLISE Sᵗ NAZAIRE A CARCASSONNE
3. FIGURE
MUSÉE DE NARBONNE

SCULPTURE FRANÇAISE

LANGUEDOC XIVᵉ SIÈCLE Pl. VIII

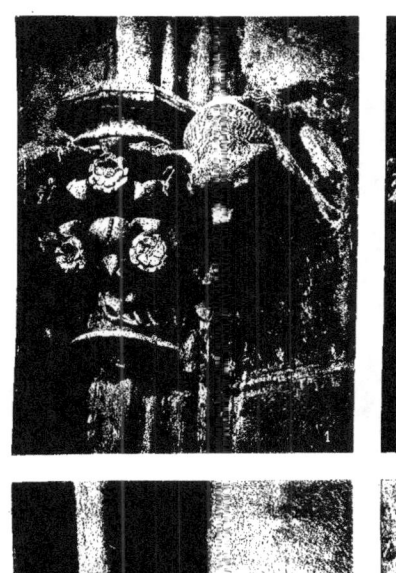
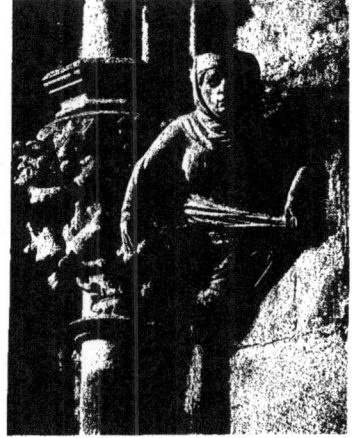
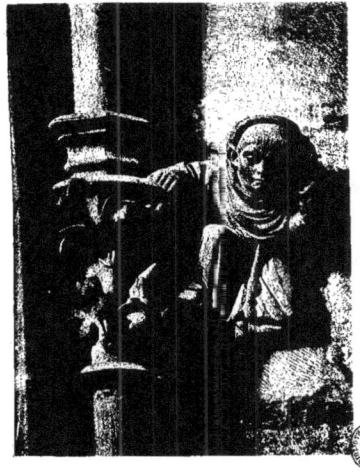
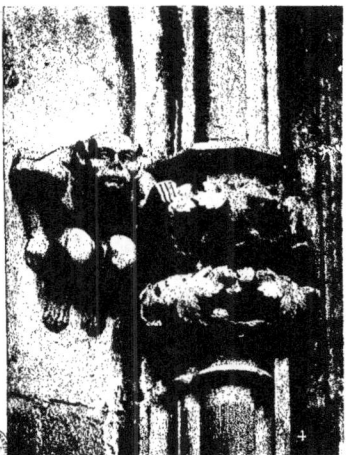

CHAPITEAUX
CHŒUR DE L'ÉGLISE ST NAZAIRE A CARCASSONNE

Vᵉ A. MOREL & Cⁱᵉ Éditeurs MIEUSEMENT Phot

SCULPTURE FRANÇAISE.

XVᵐᵉ SIÈCLE. Pl. IX

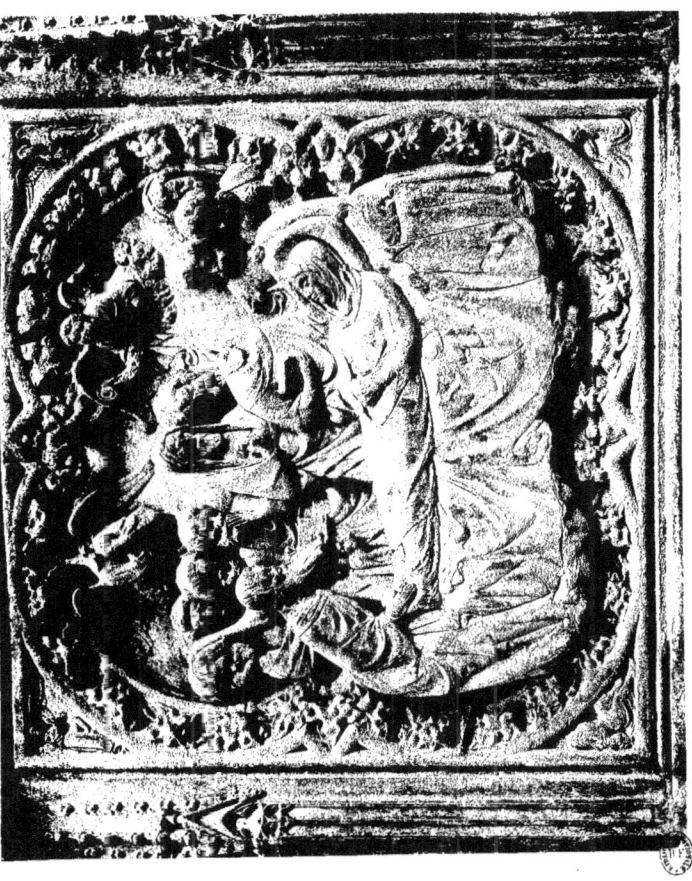

BAS RELIEF
NOTRE-DAME DE PARIS

SCULPTURE FRANÇAISE

XVᵉ SIÈCLE — PL. № 10

NORMANDIE

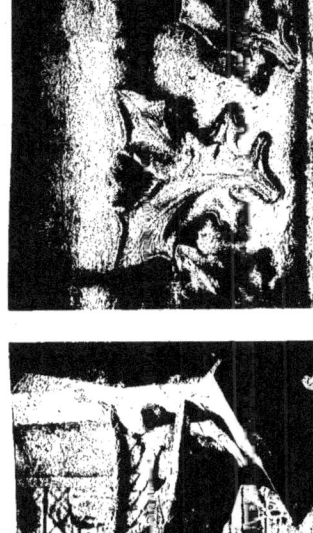
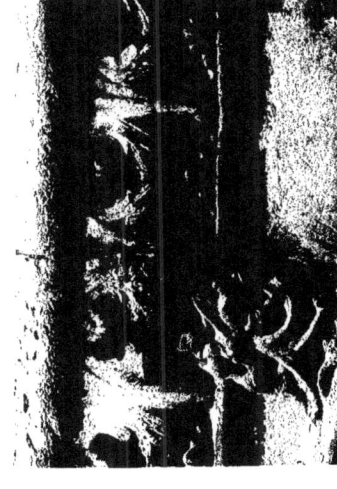
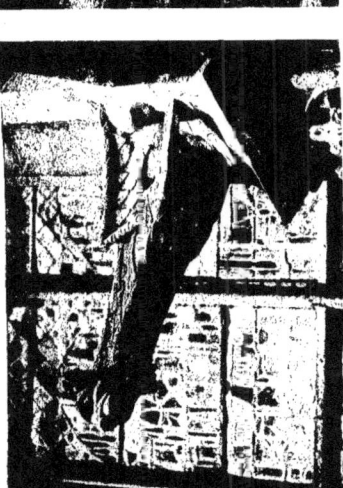
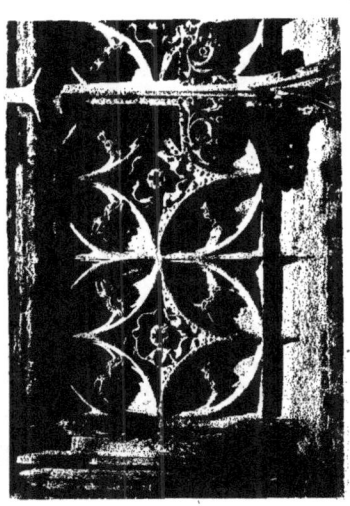

1 - GARGOUILLE — 2 - ROSE INTÉRIEURE
(Saint-Ouen, Rouen)

3 - BALUSTRADE — 4 - BANDEAU
(Palais de Justice, Rouen)

Vᵉ A. MORBL & Cᵉ Éditeurs

MIESELEST Phot.

SCULPTURE FRANÇAISE

ILE DE FRANCE
XVᵉ & XVIᵉ SIÈCLES. Pl. XI

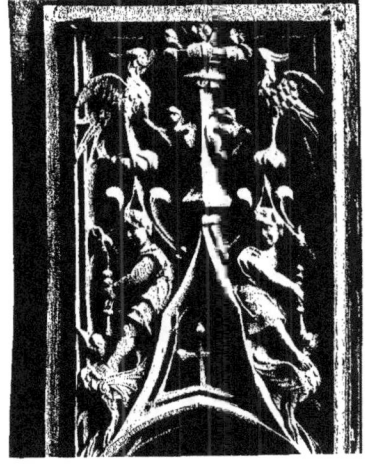
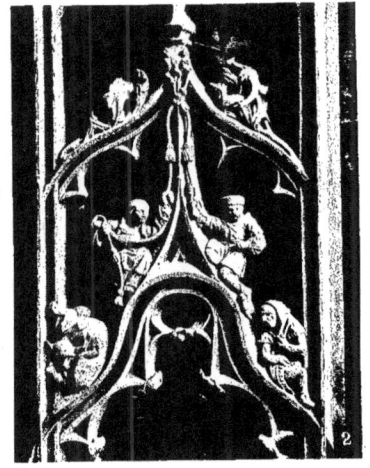
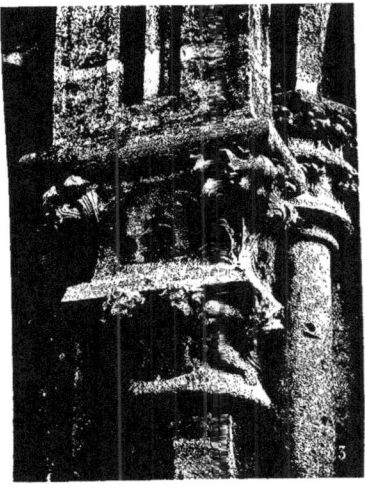
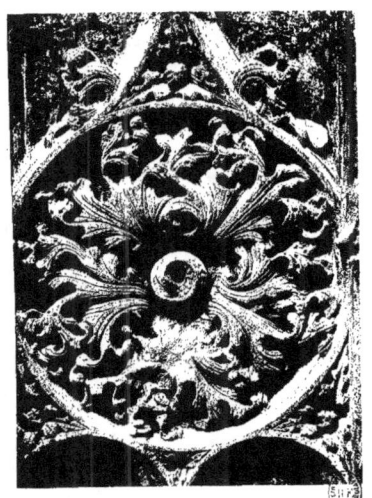

1 & 2. PANNEAUX EN BOIS
PROVENANT DU CHÂTEAU DE GAILLON

3. CHAPITEAU
TOURELLE EXTÉRIEURE, CHAPELLE DE VINCENNES.

4. ROSACE
PROVENANT DE L'HÔTEL LA TRÉMOUILLE (PARIS).

Vᵛᵉ A. MOREL & Cⁱᵉ Éditeurs.
MIEUSEMENT Phot.

SCULPTURE FRANÇAISE

ILE DE FRANCE

XIVᵉ et XVᵉ SIÈCLES. PL. XII

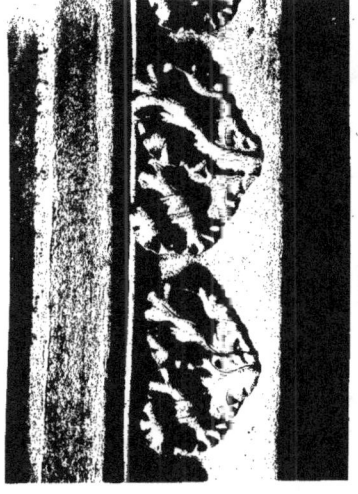
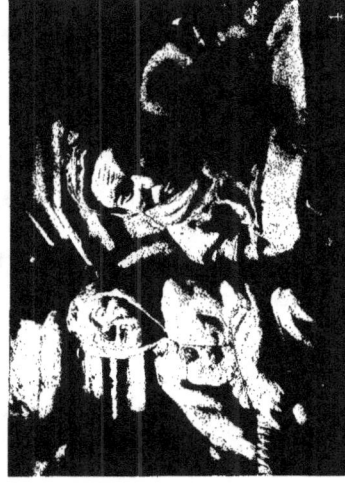
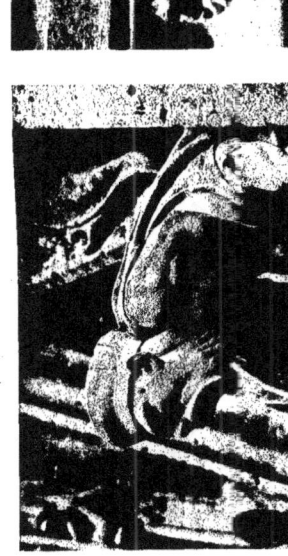
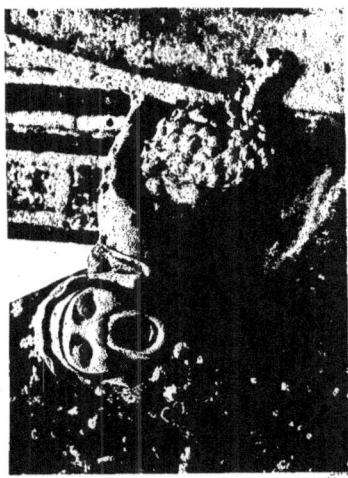

1 & 3. PETITES GARGOUILLES. — 2. PRISE A L'INTÉRIEUR
4. CULOT SOUS LES COLONNETTES ADOSSÉES

TOURELLES DE LA FAÇADE. — CHAPELLE DE VINCENNES

Vᵛᵉ A. MOREL & Cⁱᵉ Éditeurs.

MIEUSEMENT Phot.

SCULPTURE FRANÇAISE.

ILE-DE-FRANCE   XV.e SIÈCLE PL. XIII

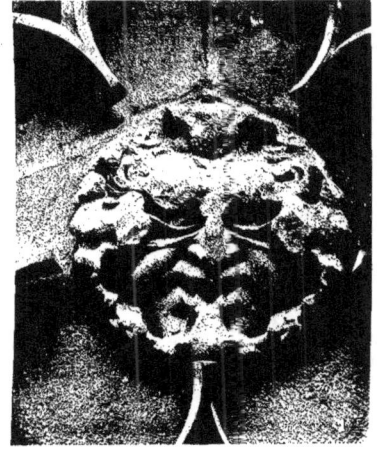
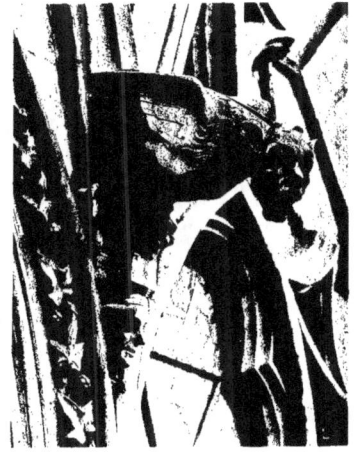
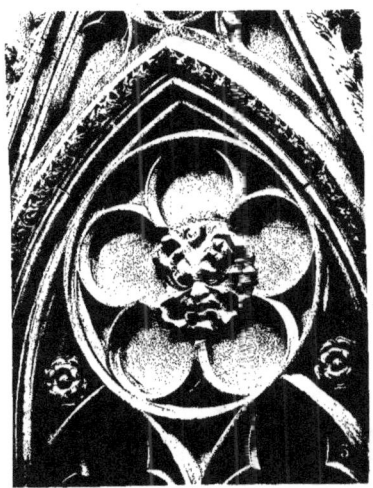
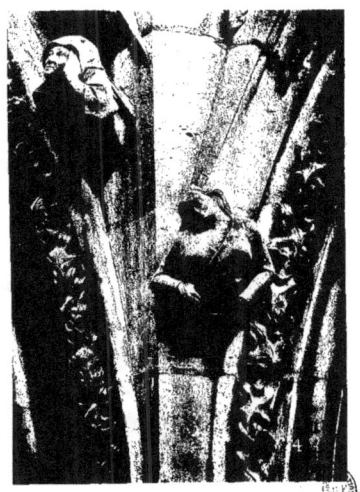

MOTIFS DIVERS
PARTIES BASSES DU CHŒUR — EXTÉRIEUR
NOTRE-DAME DE PARIS

V.ve A. MOREL & C.ie Éditeurs   MIEUSEMENT Phot.

SCULPTURE FRANÇAISE XIVᵉ SIÈCLE PL. XV

ANJOU

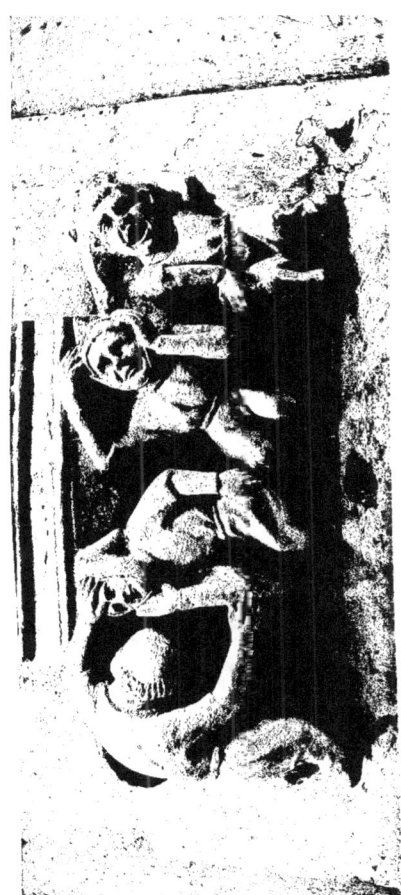
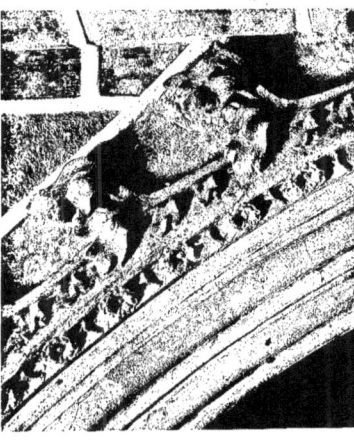
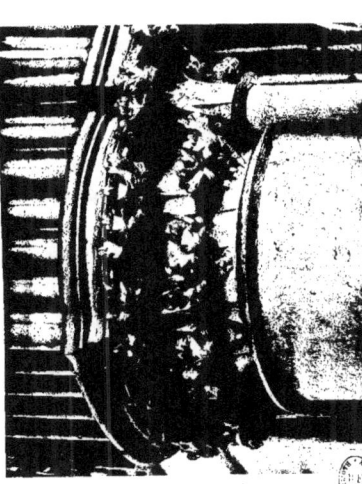

1 — CUL DE LAMPE   3 — DÉTAIL DE GABLE

2 — CHAPITEAUX DU CHŒUR

ÉGLISE D'ÉVRON

SCULPTURE FRANÇAISE

ANJOU XIVᵉ SIÈCLE. PL. XV

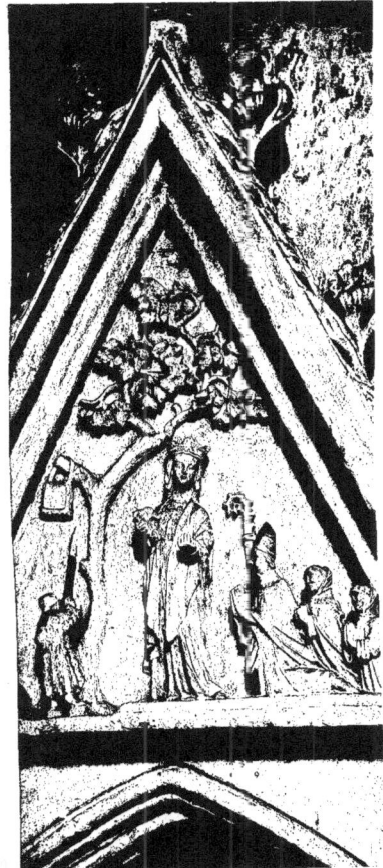
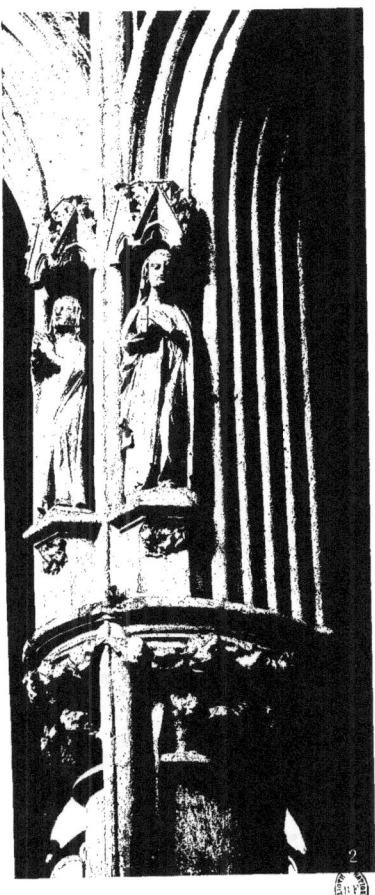

1. TYMPAN ET GABLE   2. CHAPITEAUX ET STATUETTES
DU CHŒUR

ÉGLISE D'ÉVRON

Vᵛᵉ A. MOREL & Cⁱᵉ Éditeurs.   MIEUSEMENT Phot.

SCULPTURE FRANÇAISE

BOURGOGNE — XVe SIÈCLE ET XVIe

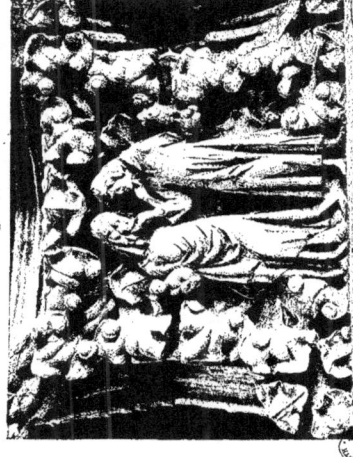

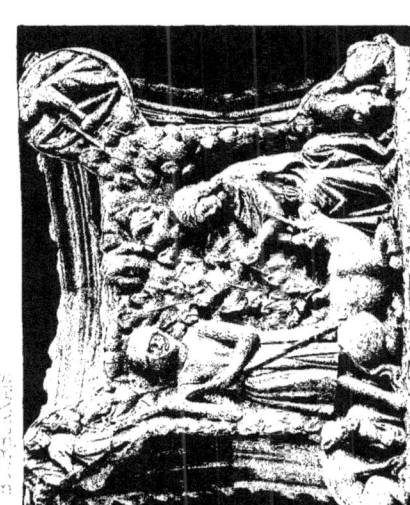

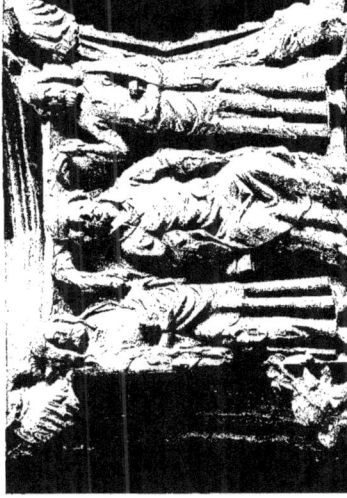

SCULPTURE FRANÇAISE

BOURGOGNE

XIVᵉ SIÈCLE PL. XVII

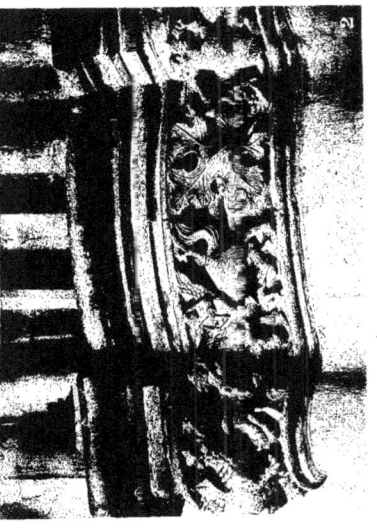
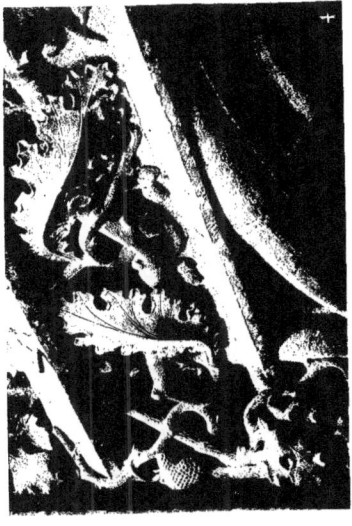
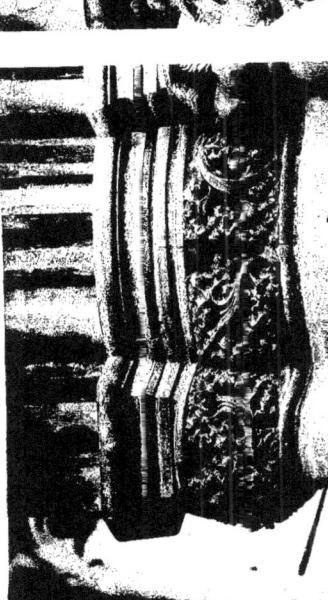
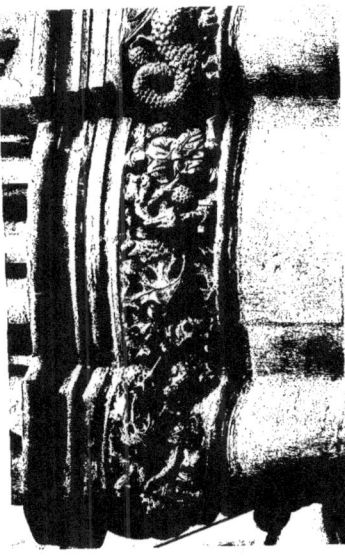

1,2,3. CHAPITEAUX DE LA NEF   4. FRISE PORTE LATERALE SUD

CATHÉDRALE DE NEVERS

Vᵉ A. MOREL & Cⁱᵉ, Éditeurs

MIEUSEMENT Phot.

SCULPTURE FRANÇAISE

LANGUEDOC RENAISSANCE_PL.1

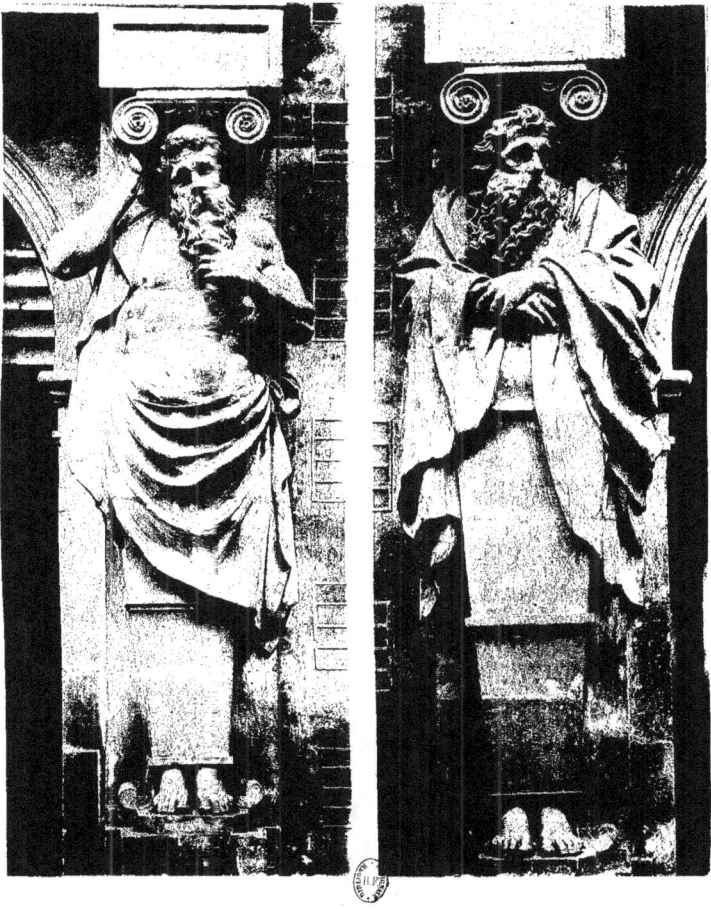

CARIATIDES

MAISON DE PIERRE A TOULOUSE

Vte A. MOREL & Cie Editeurs MIEUSEMENT Phot

SCULPTURE FRANÇAISE

LANGUEDOC   RENAISSANCE. Pl. 1.

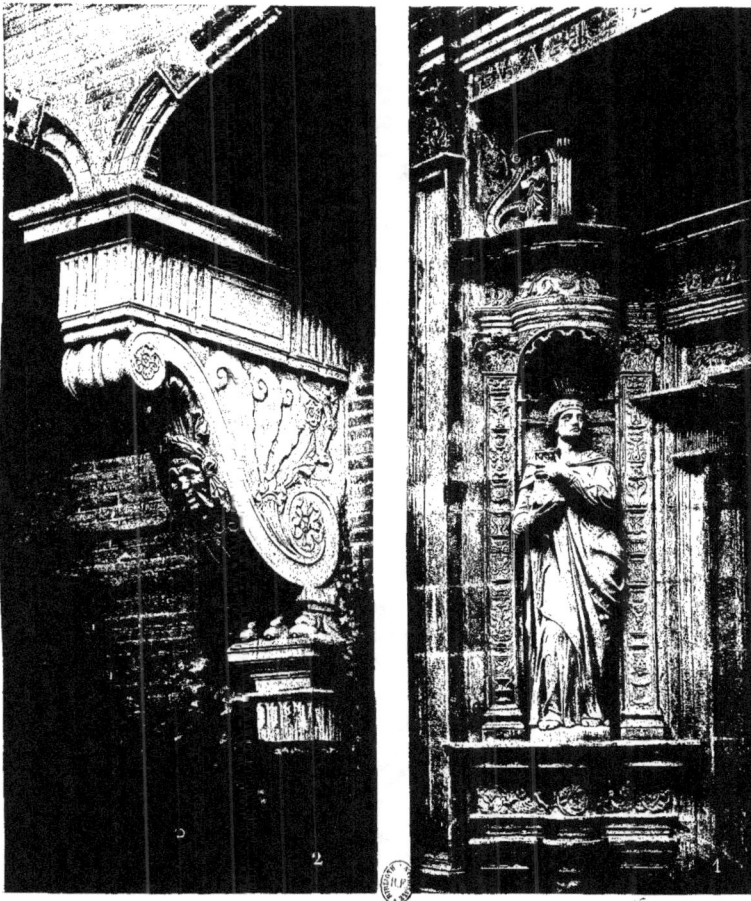

2 _ CONSOLE
HÔTEL D'ASSEZAT (Toulouse)

1 _ NICHE
PORTAIL DE L'ÉGLISE LA DALBADE (Toulouse)

Vᵉ A MOREL & Cⁱᵉ Éditeurs   MIEUSEMENT Phot.

SCULPTURE FRANÇAISE

LANGUEDOC RENAISSANCE. Pl. III

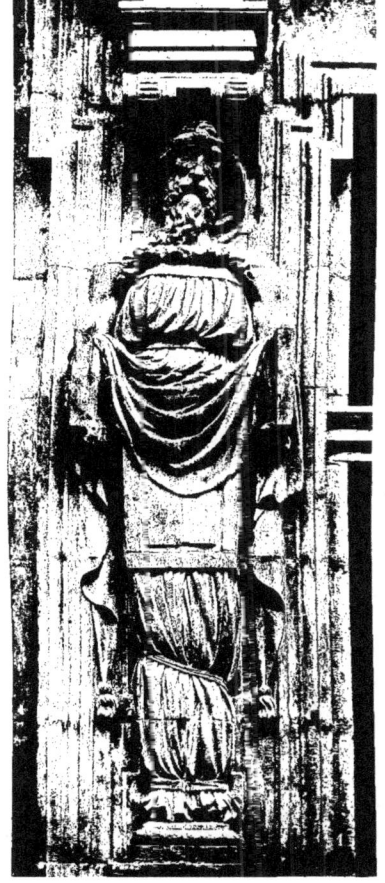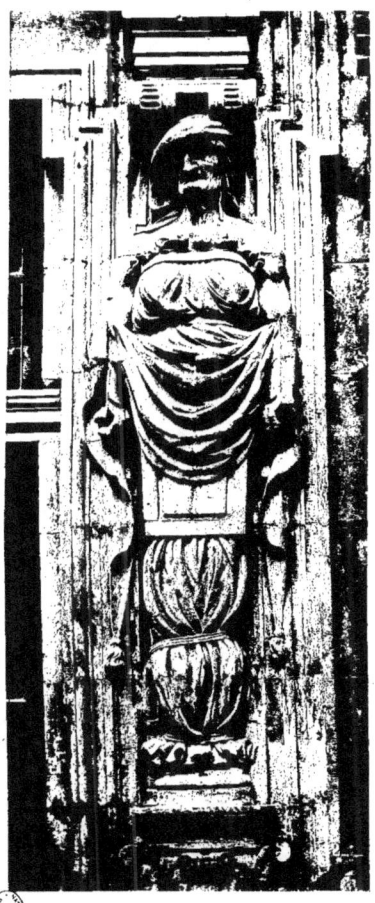

CARIATIDES
(HÔTEL DE LABORDES A TOULOUSE)

SCULPTURE FRANÇAISE

LANGUEDOC RENAISSANCE. PL. IV

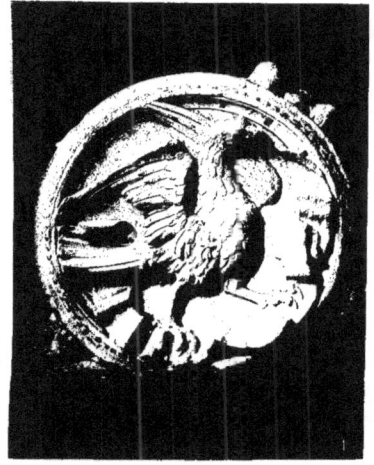
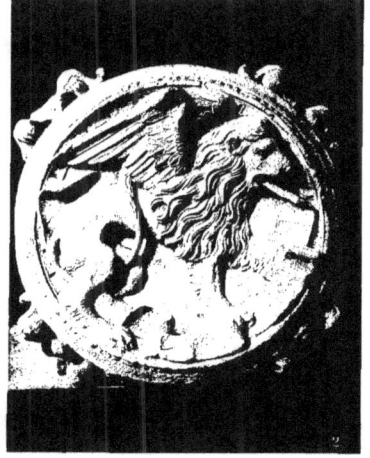
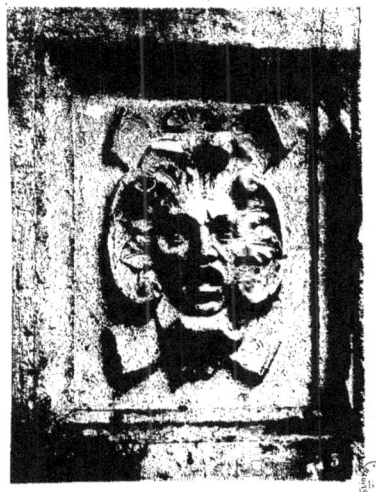
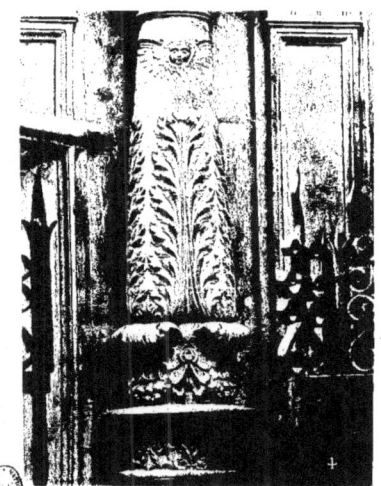

1, 2. SYMBOLES DES ÉVANGÉLISTES
(Musée de Toulouse)

3. CARTOUCHE
(Hôtel de Labordes, Toulouse)

4. FÛT DE COLONNE
(Église de la Dalbade, Toulouse)

Vᵛᵉ A. MOREL & Cⁱᵉ, Éditeurs MIEUSEMENT Phot

SCULPTURE FRANÇAISE

TOURAINE RENAISSANCE PL. V.

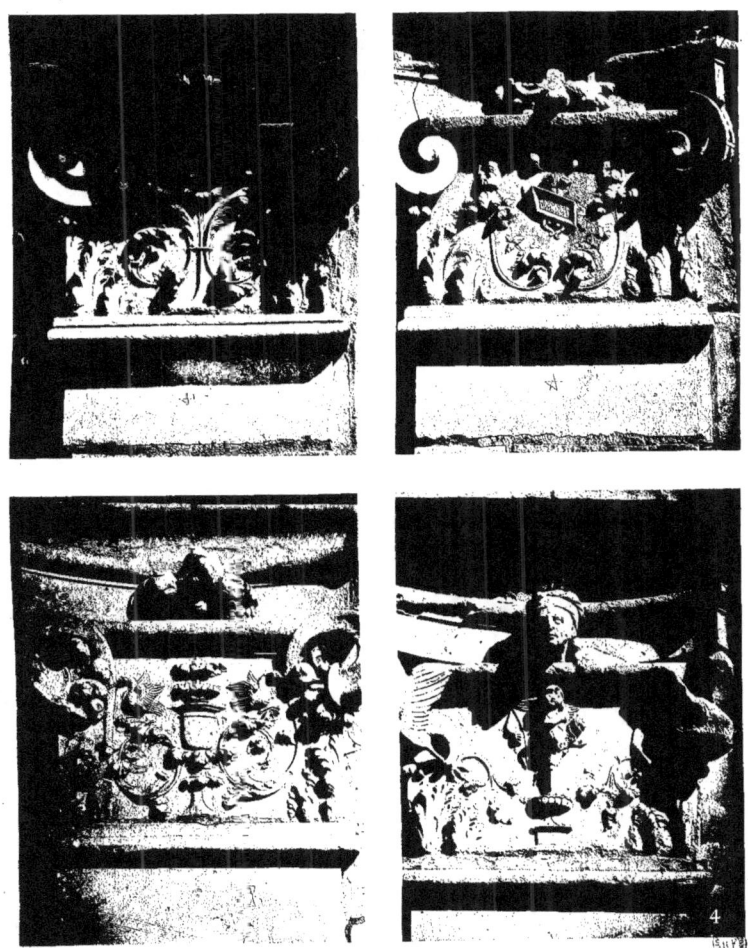

CHAPITEAUX DE PILASTRES
CHÂTEAU DE CHAMBORD

Vve A. MOREL & Cie Éditeurs. MIEUSEMENT Phot.

SCULPTURE FRANÇAISE

ILE DE FRANCE
ET TOURAINE

RENAISSANCE. Pl. VI

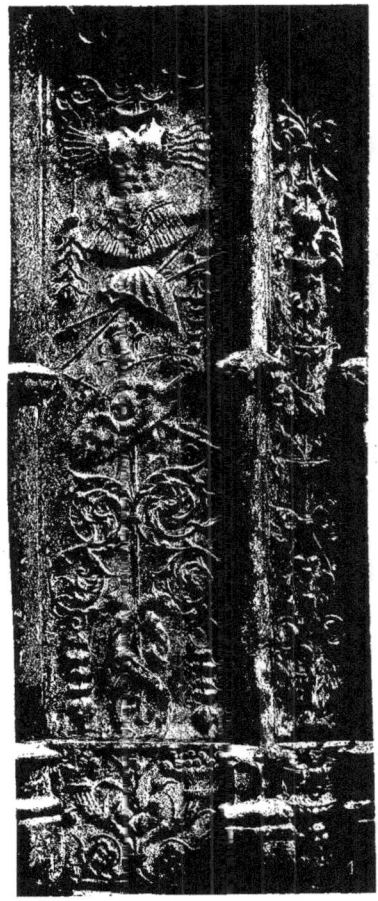

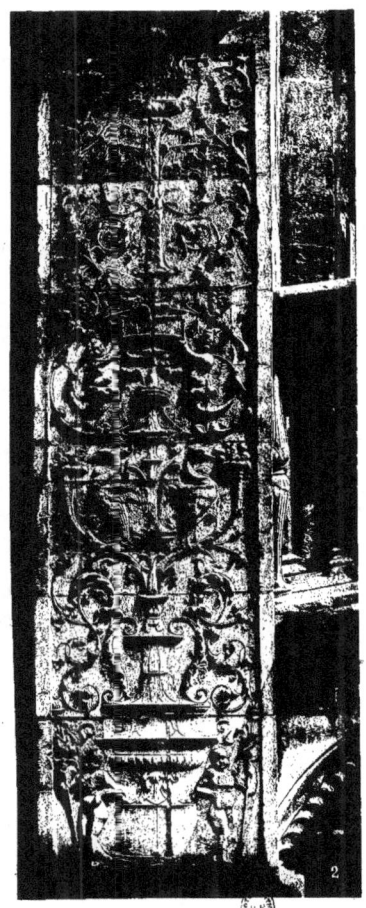

1. MOTIF D'UN PORTAIL
ACTUELLEMENT À L'ÉCOLE DES BEAUX ARTS (PARIS)

2. PILASTRE
ESCALIER CHÂTEAU DE BLOIS, PARTIE FRANÇOIS 1er

Vve A. MOREL & Cie Éditeurs.

MIEUSEMENT Phot.

NORMANDIE RENAISSANCE — Pl. VII

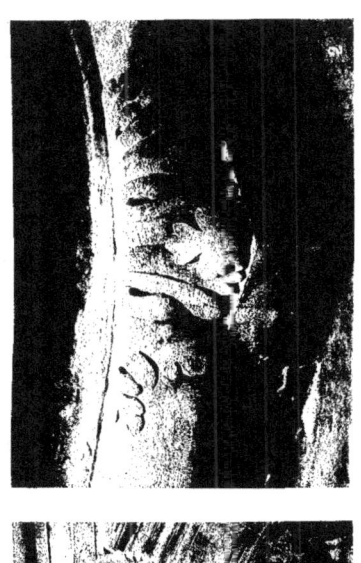
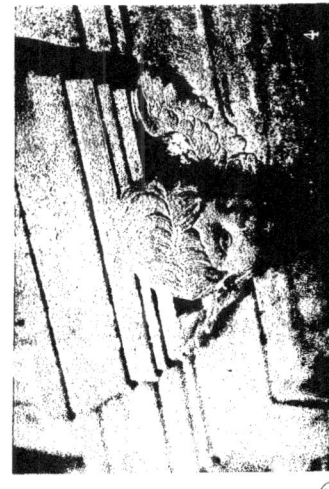
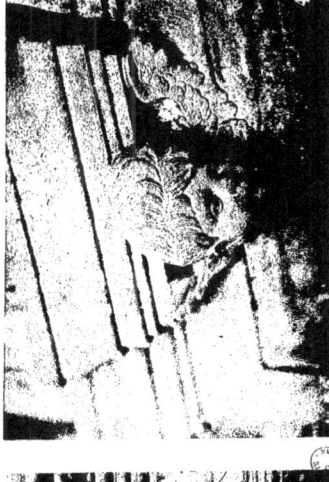
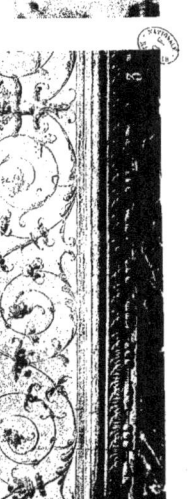

1 CLEF. (Porche). 2 GRIFFE (Base de Colonne). 4 CULOT (Pilastre). 3 FRISE (Intérieur).
1.2.4 HÔTEL D'ECOVILLE — 3 BOURSE ST GILLES.

A CAEN

SCULPTURE FRANÇAISE

NORMANDIE   RENAISSANCE. Pl. VIII

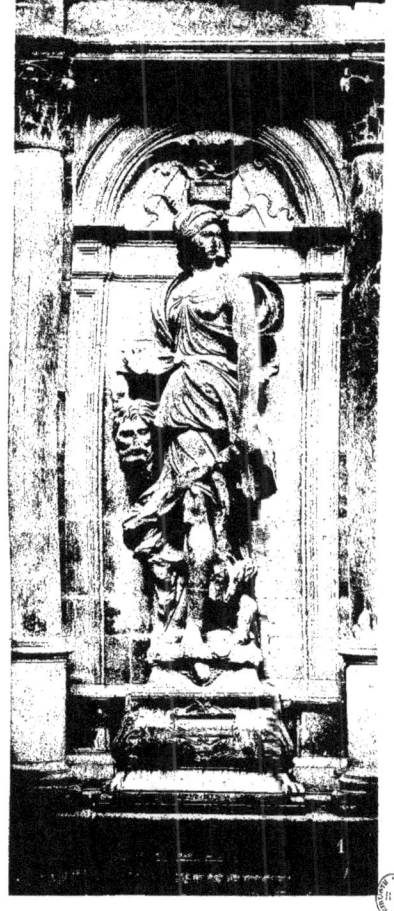 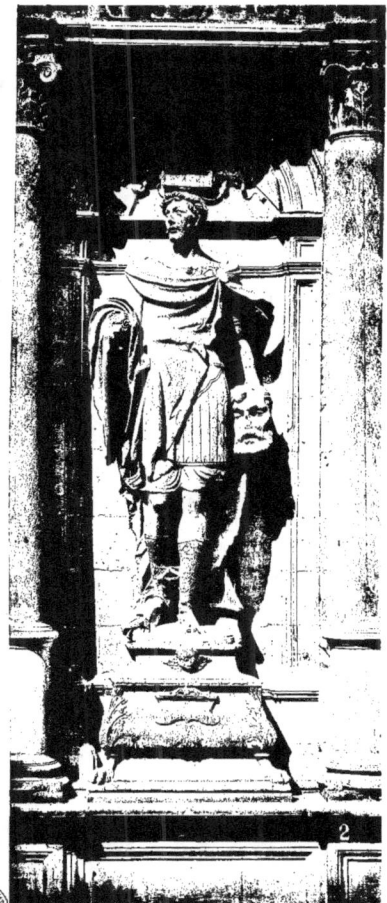

1. 2. STATUES
REZ-DE-CHAUSSÉE, HÔTEL D'ÉCOVILLE
A CAEN

SCULPTURE FRANÇAISE

NORMANDIE. RENAISSANCE. PL. IX.

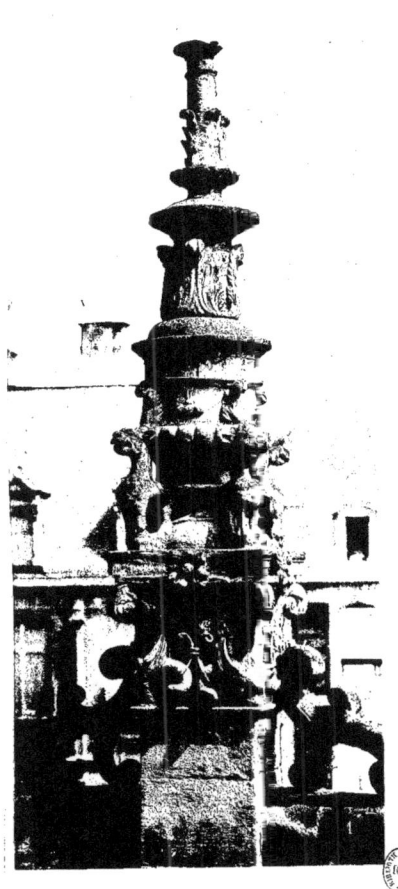 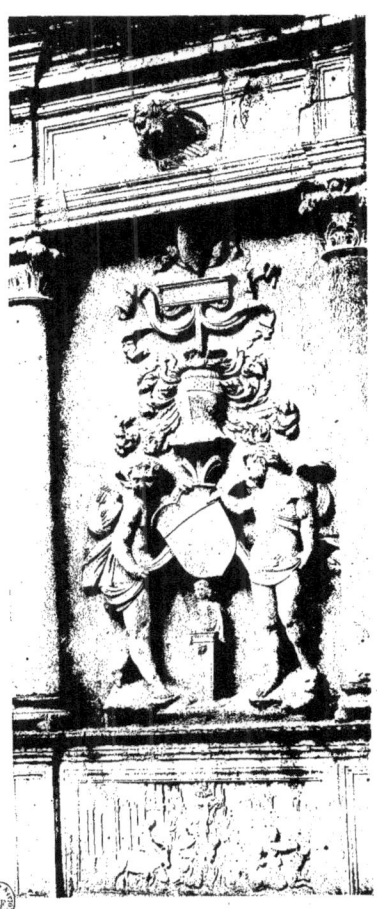

1. PINACLE
ABSIDE, ÉGLISE St PIERRE

2. MOTIF
1er ÉTAGE HÔTEL D'ECOVILLE

A CAEN

Vve A. MOREL & Cie Éditeurs. MIEUSEMENT, Phot.

SCULPTURE FRANÇAISE

NORMANDE

RENAISSANCE PL. X

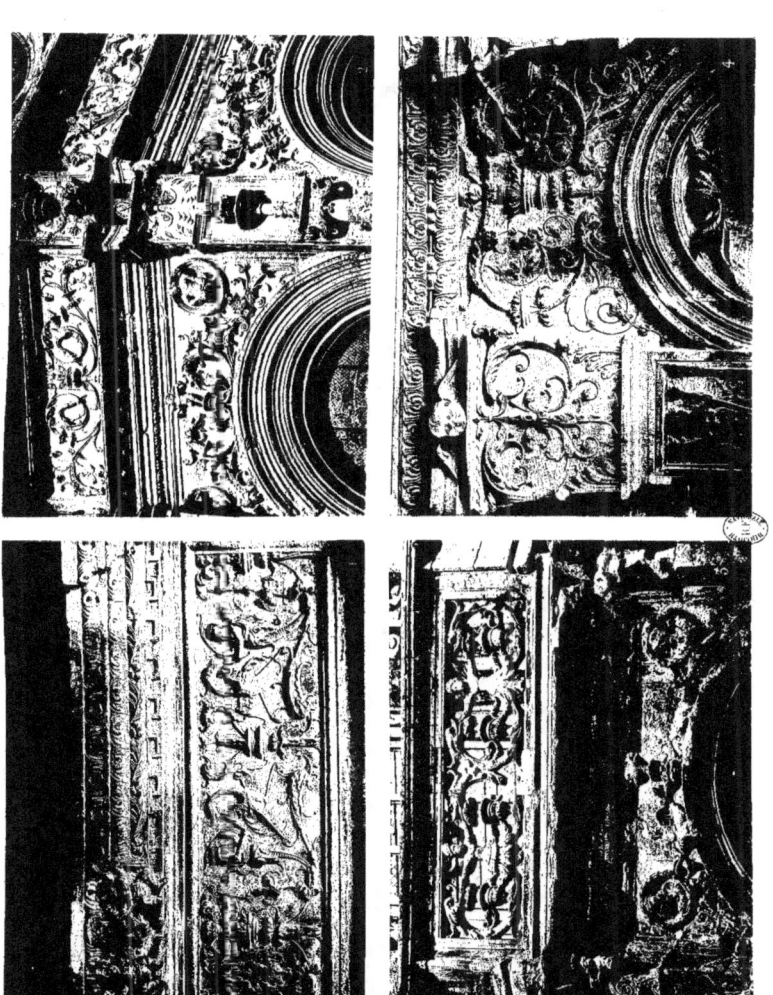

MOTIFS DIVERS

(ABSIDE DE SAINT-PIERRE DE CAEN — 1 et 4. INTÉRIEUR. 2 et 3. EXTÉRIEUR)

SCULPTURE FRANÇAISE.

NORMANDIE. RENAISSANCE Pl. XI

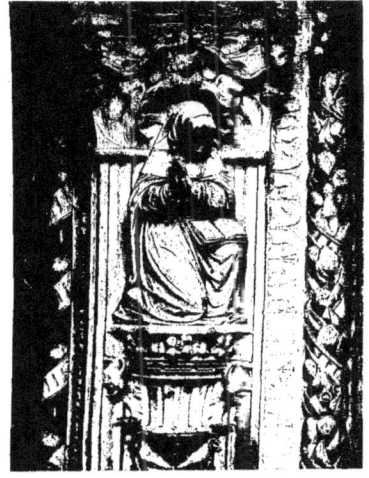
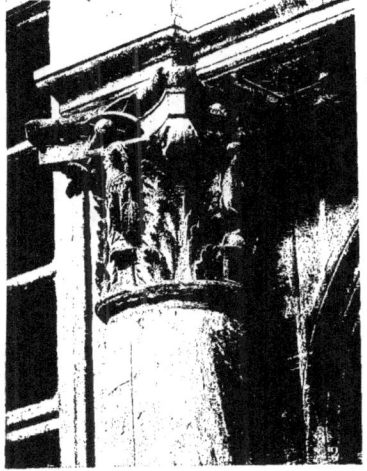
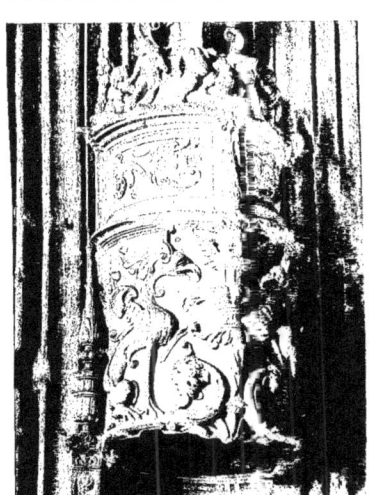
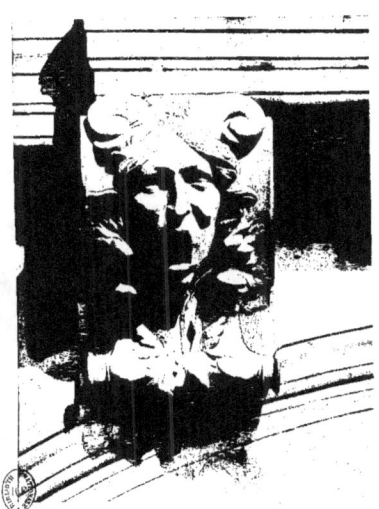

1. FIGURE MARBRE
TOMBEAU DU CARDINAL D'AMBOISE (Rouen)

2. 4. CHAPITEAU ET CONSOLE
HÔTEL D'ÉCOVILLE (Caen)

3. DAIS TENANT A UN PILIER
CHAPELLE St PIERRE (Caen)

SCULPTURE FRANÇAISE

NORMANDIE   RENAISSANCE

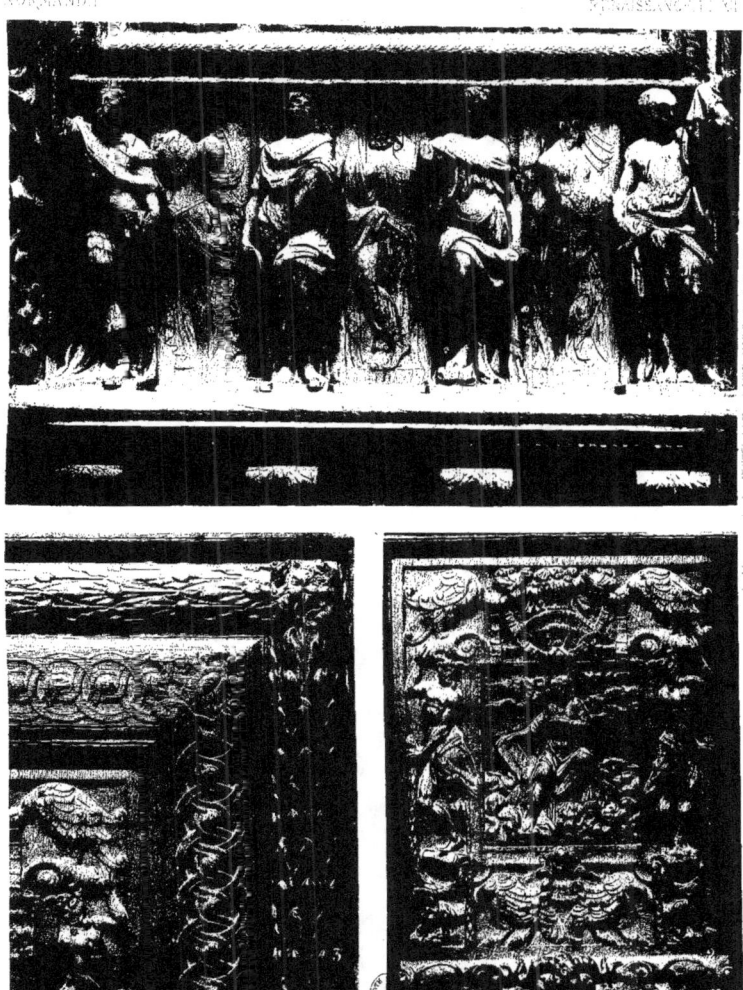

PANNEAUX EN BOIS.
PORTES DE L'ÉGLISE SAINT-MACLOU (Rouen)

SCULPTURE FRANÇAISE

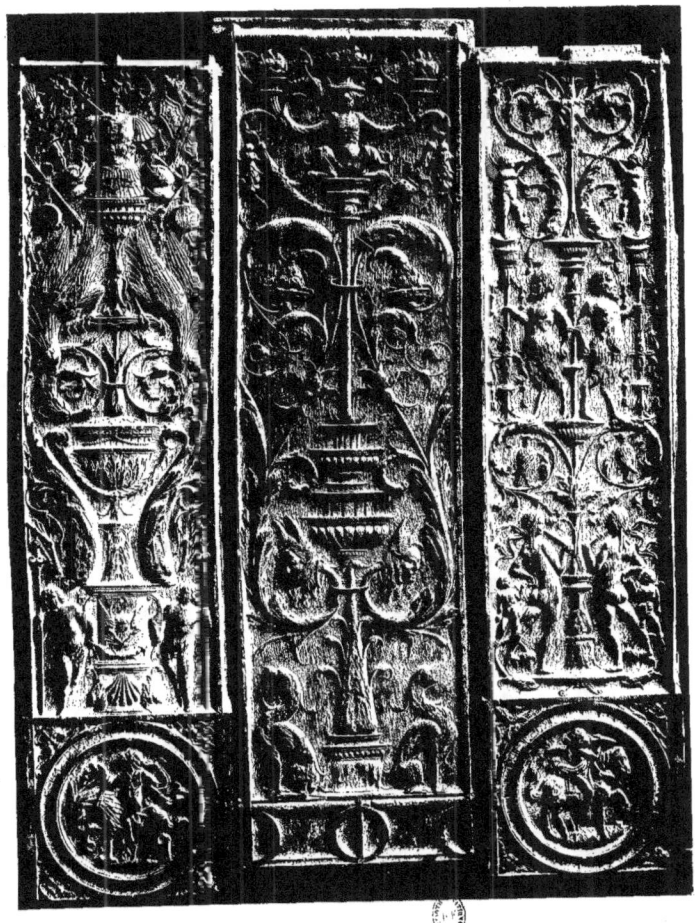

PANNEAUX EN BOIS
PROVENANT DU CHÂTEAU DE GAILLON

SCULPTURE FRANÇAISE

ILE DE FRANCE — RENAISSANCE. PL XIV

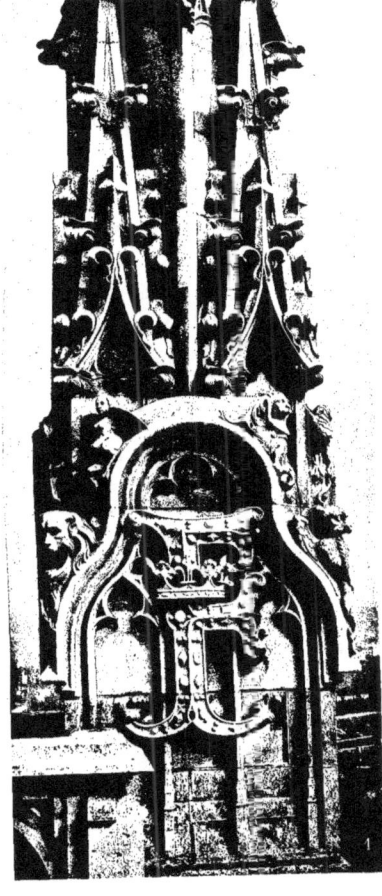
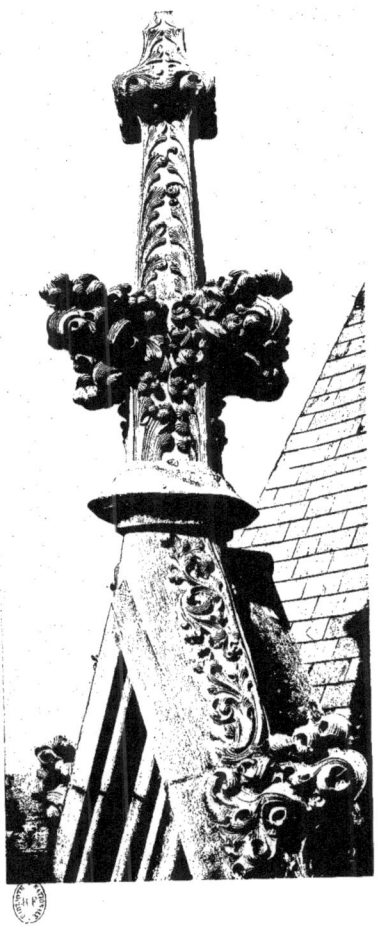

PINACLES DES CONTREFORTS — FLEURONS DES GABLES
(CHAPELLE DE VINCENNES)

SCULPTURE FRANÇAISE

RENAISSANCE PL. XV

ILE DE FRANCE

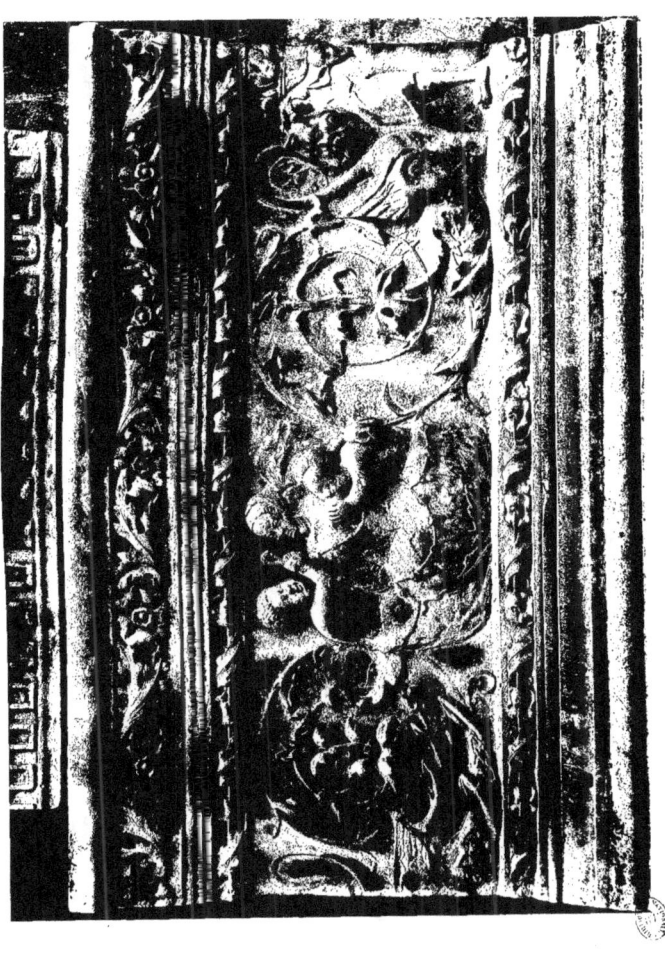

BAS-RELIEF
(ACTUELLEMENT À L'ÉCOLE DES BEAUX-ARTS (PARIS))

Vve A. MOREL & Cie Éditeurs

SCULPTURE FRANÇAISE

ILE DE FRANCE   RENAISSANCE — PL. XVI

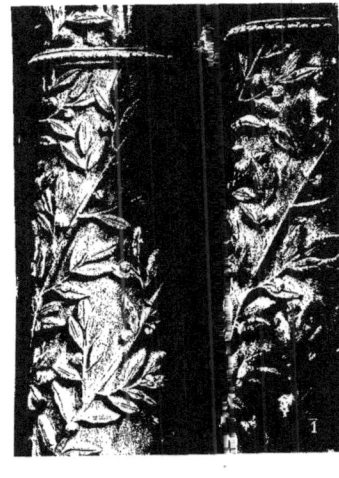
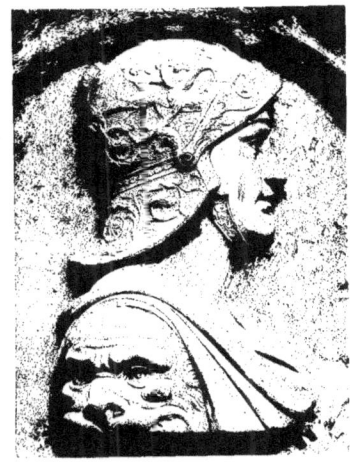
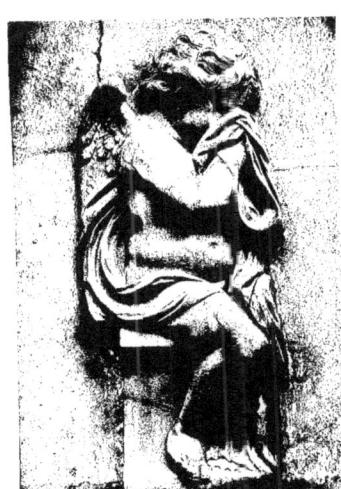
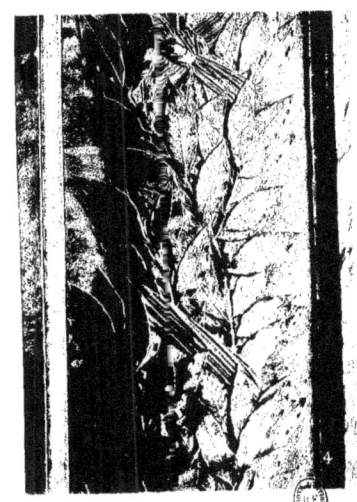

1 — FÛT DE COLONNE

PROVENANT DU LOUVRE

2, 3 et 4 — MOTIFS DIVERS

ACTUELLEMENT A L'ÉCOLE DES BEAUX-ARTS, PARIS

Vᵛᵉ A. MOREL & Cⁱᵉ Éditeurs   MIEUSEMENT Phot.

SCULPTURE FRANÇAISE

TOURAINE   RENAISSANCE. PL. XVII.

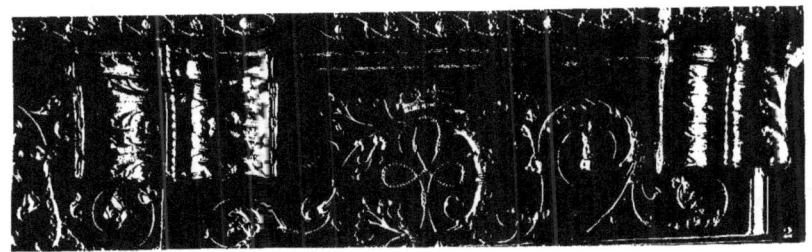

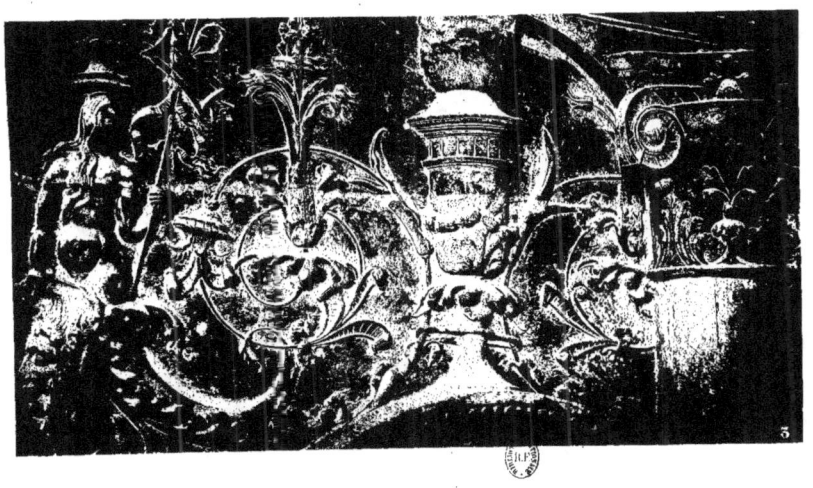

1-2 - FRISES DE CHEMINÉES
3 - DESSUS DE PORTE, GRAND ESCALIER
CHATEAU DE BLOIS

SCULPTURE FRANÇAISE

SAINTONGE

RENAISSANCE – PL. XVIII

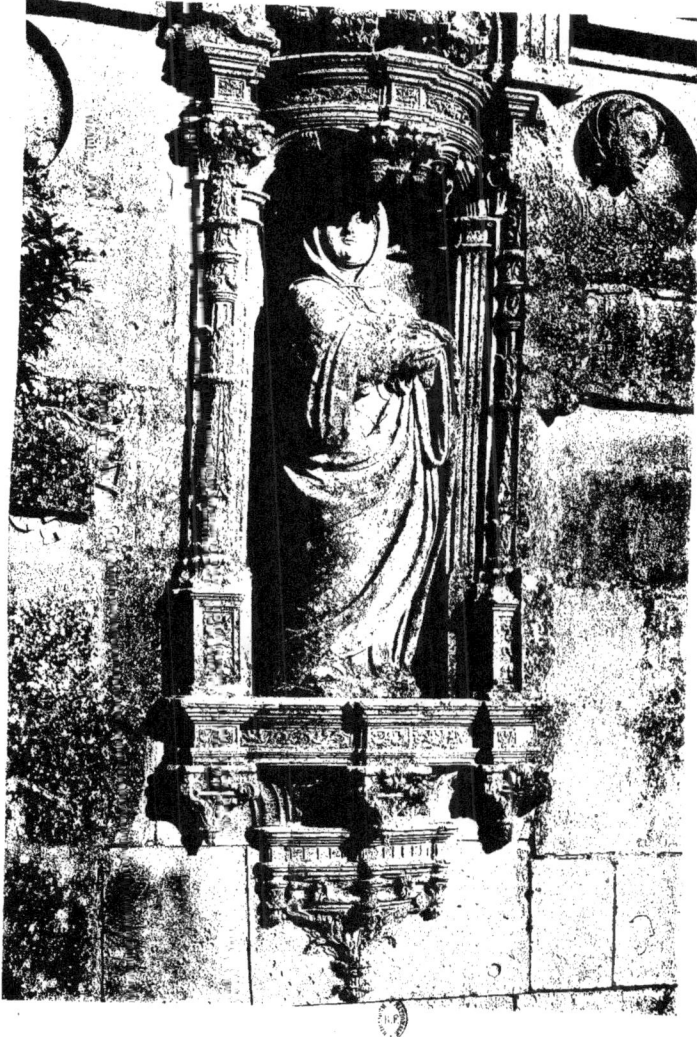

NICHE ET STATUE

CHATEAU D'USSON.

SCULPTURE FRANÇAISE

RENAISSANCE. PL. XIX

ÎLE-DE-FRANCE

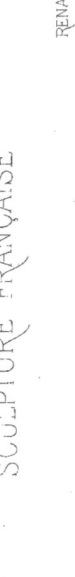
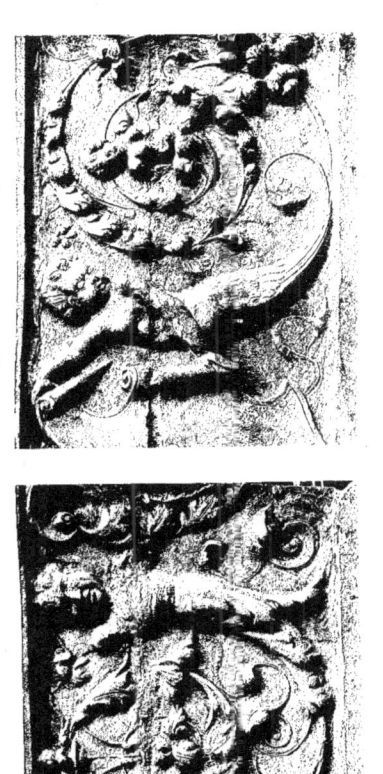
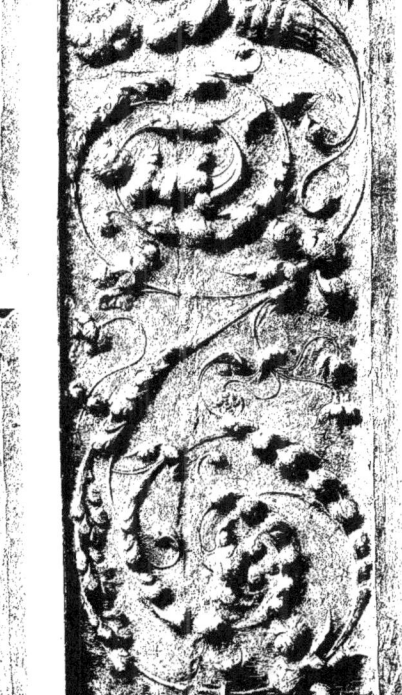

MOTIFS DE FRISES

MAISON D'AGNÈS SOREL A ORLÉANS

SCULPTURE FRANÇAISE

BOURGOGNE 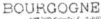 RENAISSANCE. PL. XX

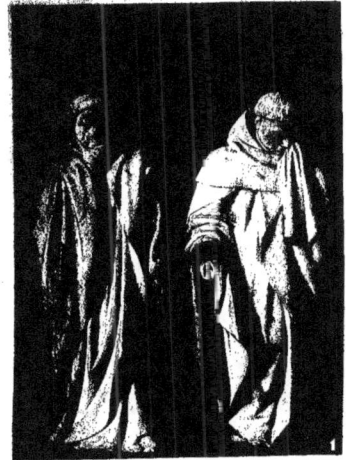
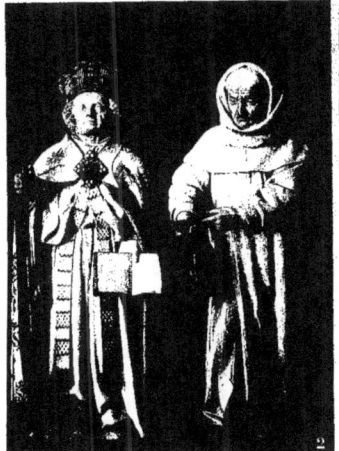
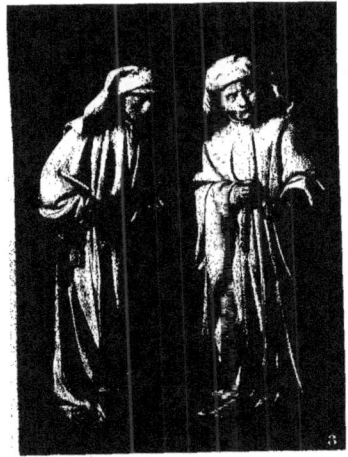
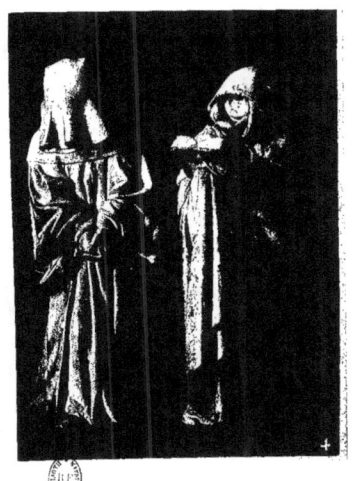

STATUETTES DIVERSES

TOMBEAUX DES DUCS DE BOURGOGNE

MUSÉE DE DIJON

Vve A. MOREL & Cie, Éditeurs.   MIEUSEMENT, Phot.

SCULPTURE FRANÇAISE

RENAISSANCE PL. XXI

BOURGOGNE

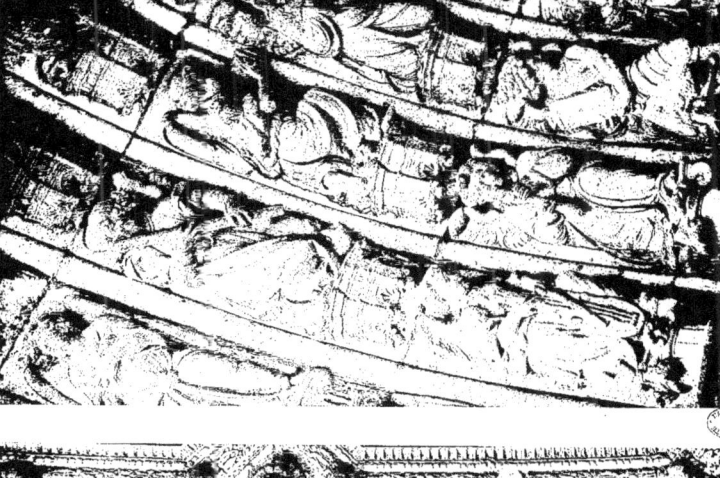

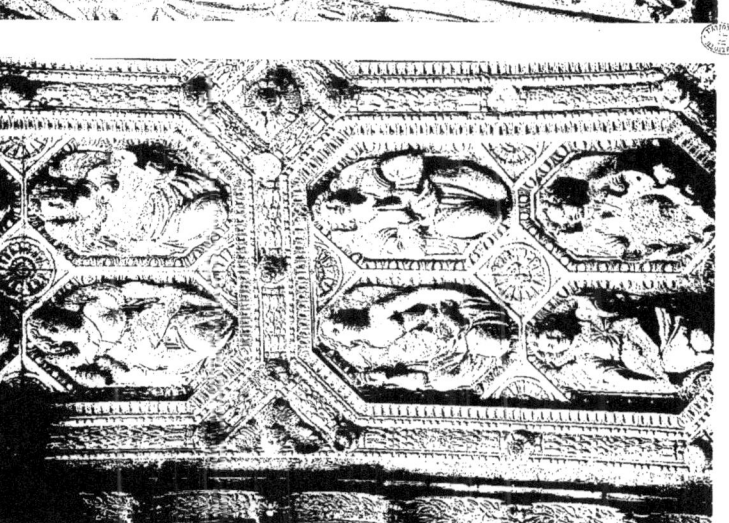

MOTIFS DANS LES VOUSSURES DU PORTAIL
ÉGLISE SAINT MICHEL DE DIJON

SCULPTURE FRANÇAISE

BOURGOGNE — RENAISSANCE PL. XXII

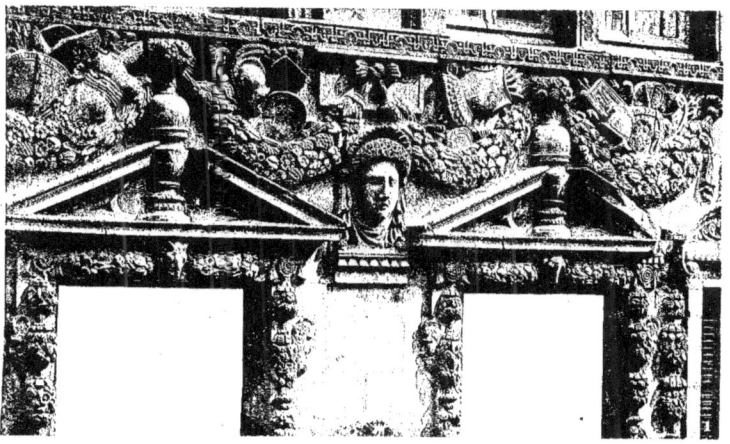

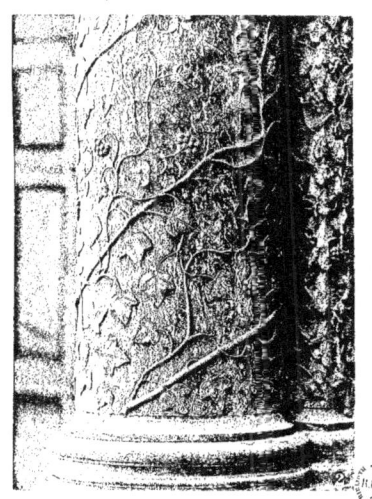 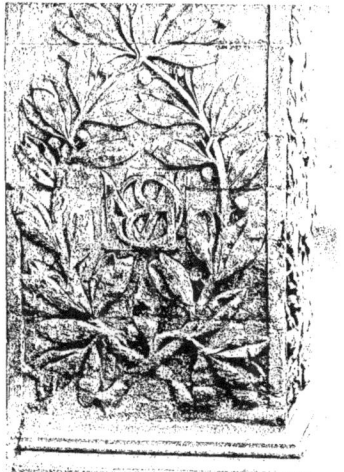

1 — MOTIFS DE LA FAÇADE
2 et 3 — COLONNE ET PILASTRE DANS LA COUR
HOTEL DE VOGUÉ, A DIJON

SCULPTURE FRANÇAISE

BRETAGNE RENAISSANCE PL. XXIII

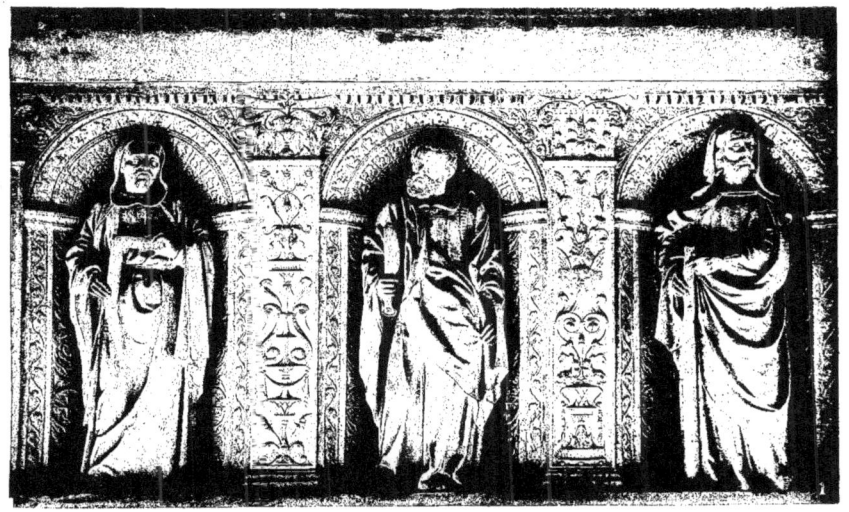

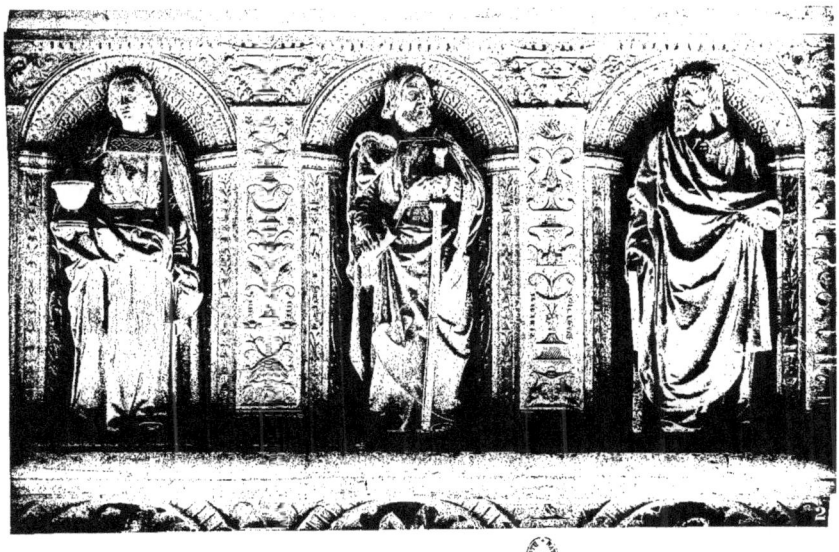

STATUETTES
TOMBEAU DE FRANÇOIS II DUC DE BRETAGNE
CATHÉDRALE DE NANTES

SCULPTURE FRANÇAISE

ILE-DE-FRANCE RENAISSANCE PL. XXIV

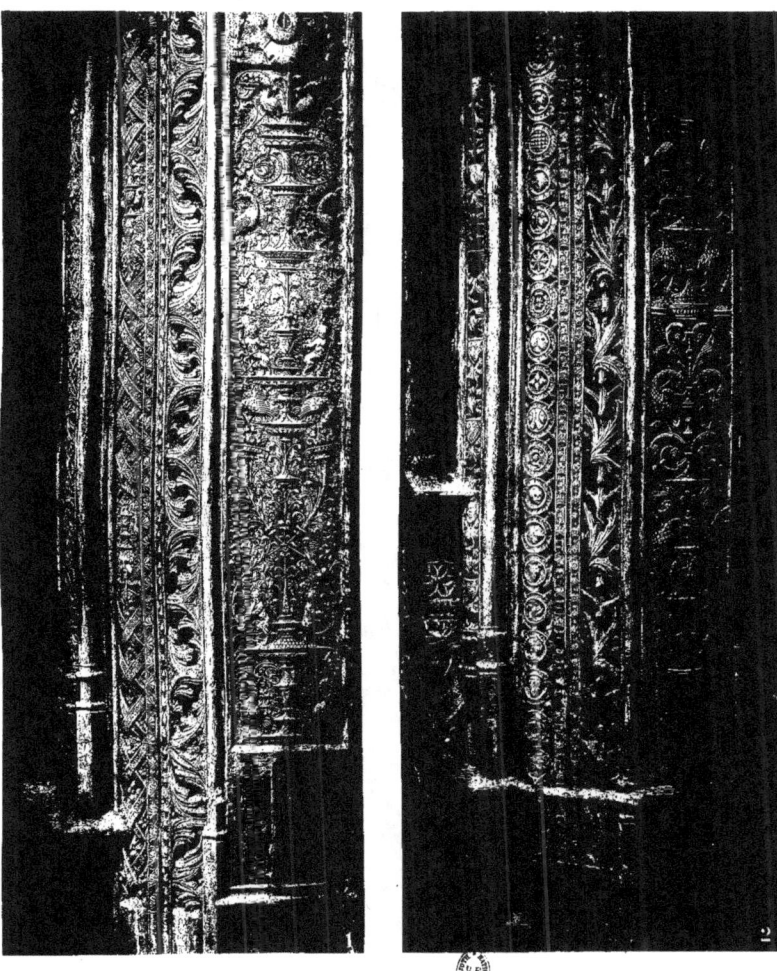

PILASTRES
CLÔTURE DE PIERRE, CHŒUR DE LA CATHÉDRALE DE CHARTRES

SCULPTURE FRANÇAISE RENAISSANCE XVIᵉ SIÈCLE - PL. XXV

ILE-DE-FRANCE

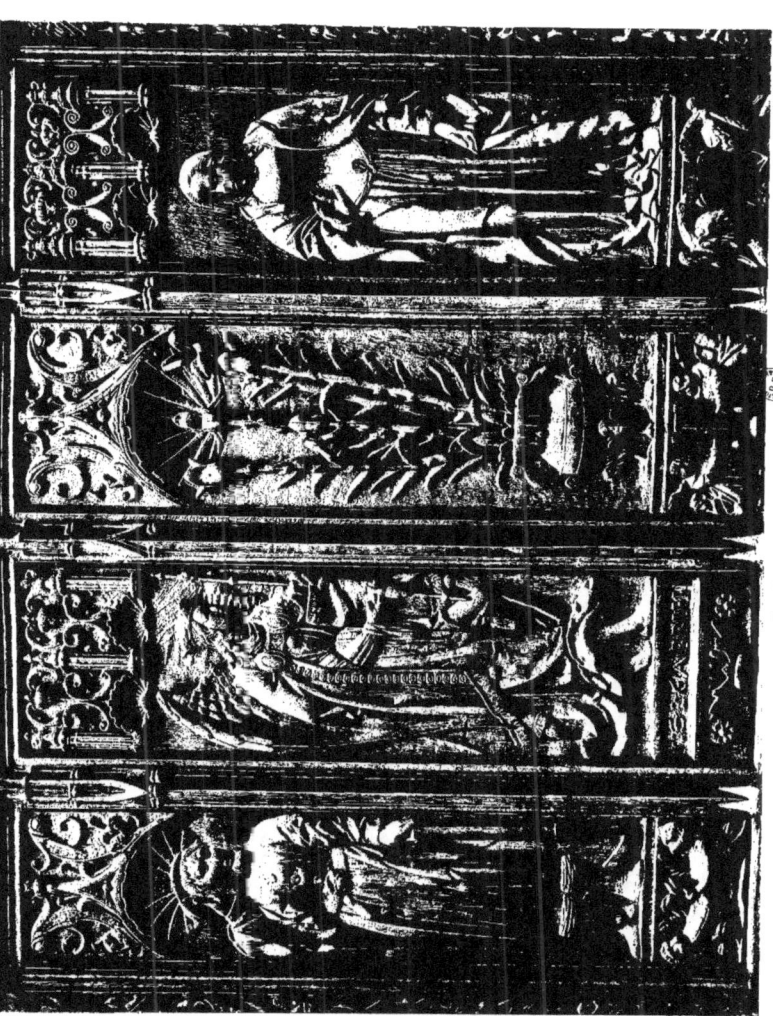

PANNEAUX EN BOIS
PORTE-NORD, ÉGLISE DE GISORS

SCULPTURE FRANÇAISE. RENAISSANCE - Pl. XXVI

TOURAINE.

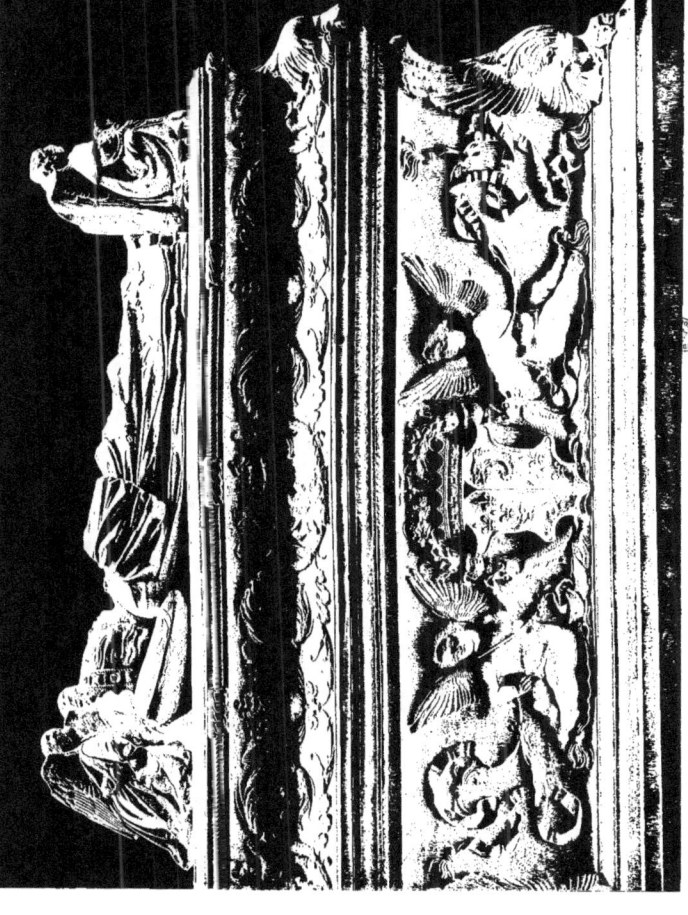

TOMBEAU
CATHÉDRALE DE TOURS

SCULPTURE FRANÇAISE

RENAISSANCE - PL. XXVI

ILE-DE-FRANCE

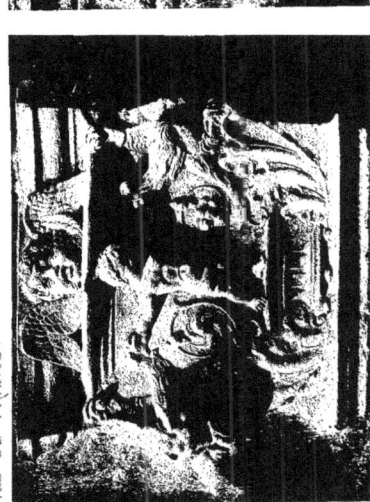
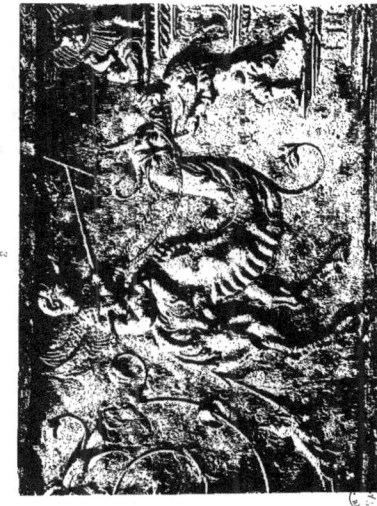
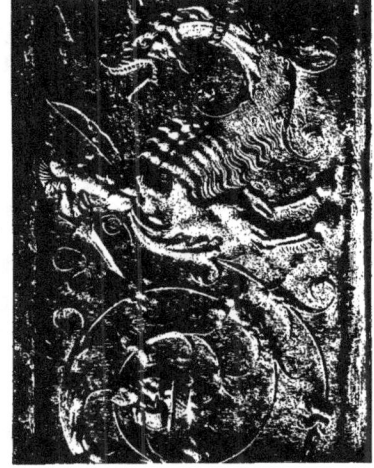

CHAPITEAUX & FRISES
PORTE NORD, ÉGLISE DE GISORS

SCULPTURE FRANÇAISE

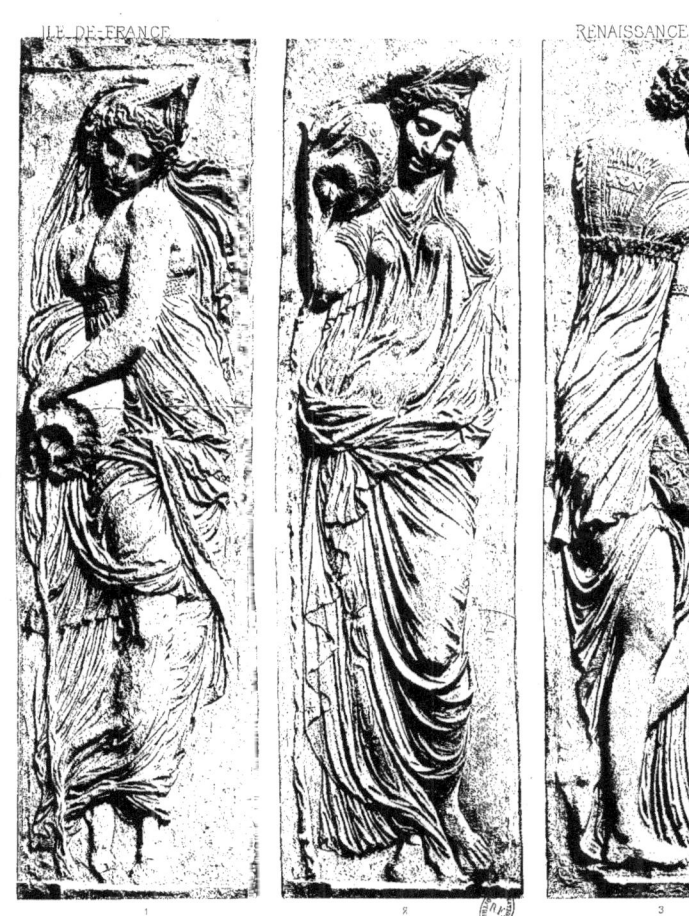

ILE-DE-FRANCE — RENAISSANCE Pl. XXVIII

FIGURES - BAS-RELIEFS
FONTAINE DES INNOCENTS, PARIS

SCULPTURE FRANÇAISE

ILE-DE-FRANCE

RENAISSANCE

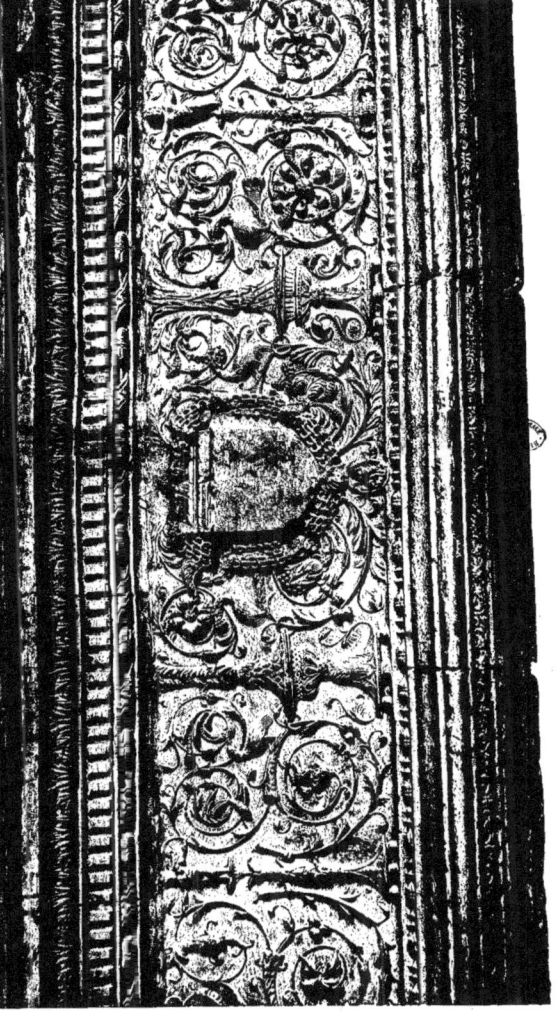

FRISE D'UNE CHEMINÉE
CHATEAU DE CHATEAUDUN

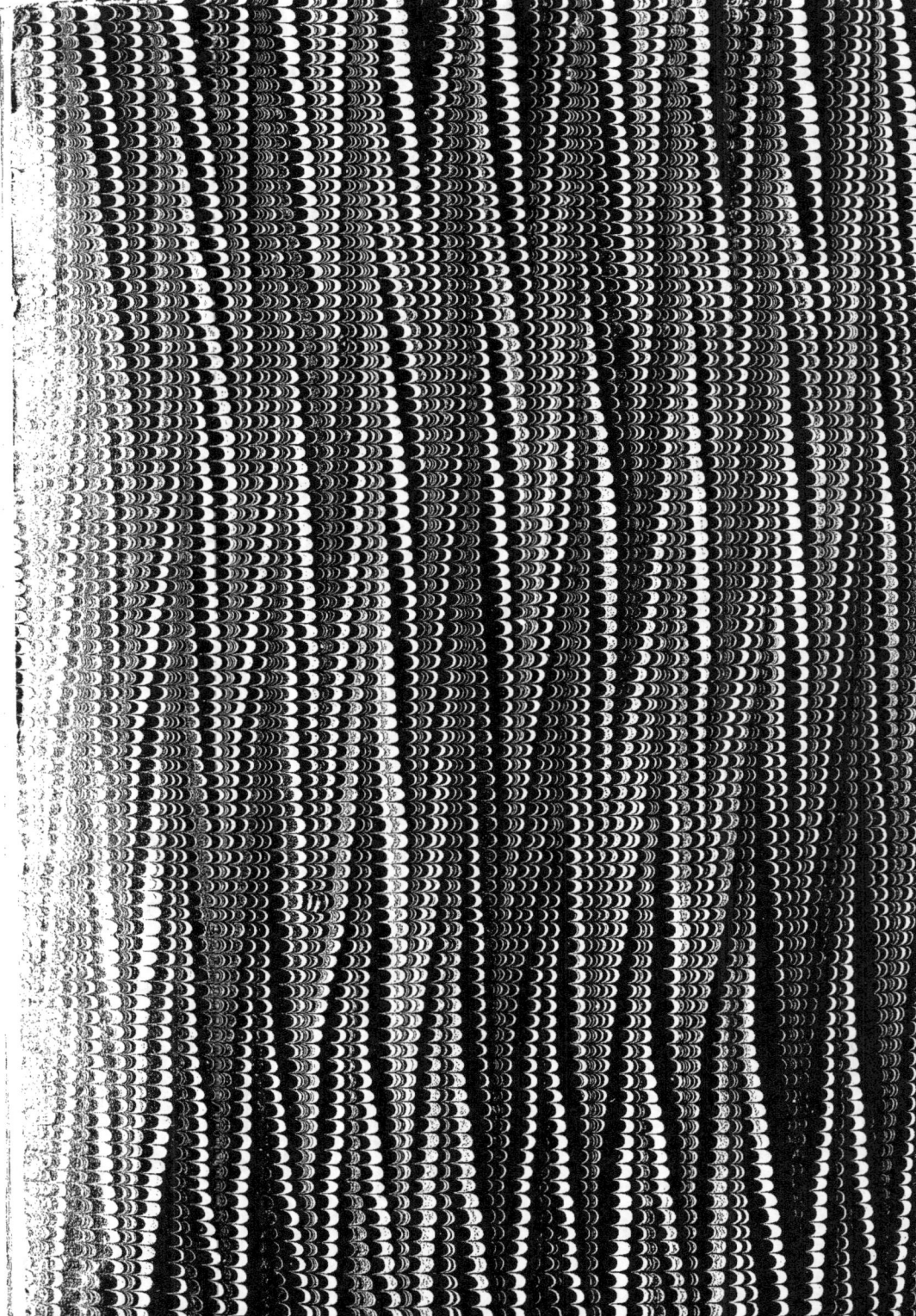

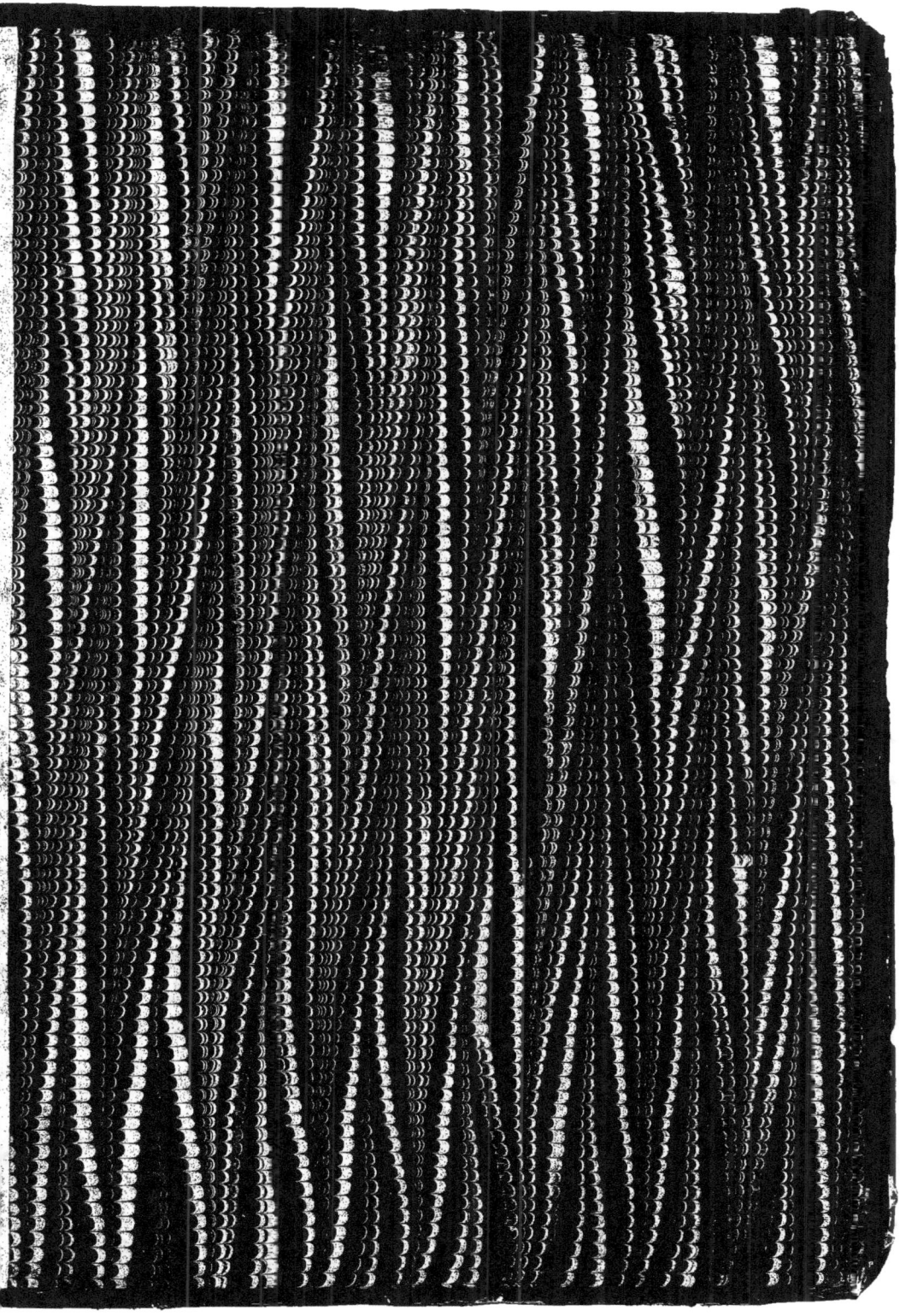

www.ingramcontent.com/pod-product-compliance
Lightning Source LLC
Chambersburg PA
CBHW071157240526
45470CB00016BA/202